2019 세계 속의 글로벌 한국인 리더

세계 최초 세계인, 장보고의 글로벌 경영을 계승한
'장보고한상 어워드' 수상자의 성공 전략

2019
세계 속의
글로벌 한국인
리더

황상석 지음

청해

재외 동포 경제인들의 눈부신 활약, 경제 영토를 넓히다

2018 장보고한상 어워드 수상자의 성공 스토리를 이렇게 책으로 출간하여 많은 분이 읽을 수 있게 된 것을 매우 기쁘게 생각합니다.

'장보고한상 어워드'는 일찍이 1200여 년 전 '청해진'을 세우고 한·중·일 3국과 멀리 베트남, 필리핀 등은 물론 인도를 비롯한 서남아시아와 중동에 이르기까지 국제해상무역을 주도했던 해상왕 장보고 대사의 글로벌 개척 정신과 도전 정신을 오늘날에 계승하고 이를 기리기 위해 세계 곳곳에 퍼져 있는 재외 동포 경제인(한상) 가운데 대한민국의 경제 영토 및 문화 영토를 확장하는데 큰 공로가 있는 분들을 선정해서 2016년부터 시상해오고 있습니다.

'2018 장보고한상 어워드' 대상을 수상하신 오스트리아 영산 그룹의 박종범 회장님을 비롯하여 국회의장상을 수상하신 중국의 안청락 회장님과 관계 부처 장관 상을 수상하신 중국 박상윤 회장님, 베트남 최분도 회장님, 일본 장성배 회장님 등 수상자분들은 현지에 이주한 이후 온갖 어려움을 극복하고 20여 년 이상을 끊임없이 노력한 끝에 사업적으로나 사회적으로나 해당 국가의 사회

리더로서 큰 성공을 거두신 분들입니다.

　　비록 작은 책에 모든 스토리를 다 담을 수는 없었지만, 이분들의 감동적이고 눈물어린 활동 내용을 접하시면서 우리 재외 동포 경제인들이 많은 역경 속에서도 조국 대한민국의 경제 발전과 세계화에 얼마나 큰 기여를 하고 있는지 다시 한 번 생각하는 계기가 되기를 바랍니다.

　　그리고 1200여 년 전 장보고 대사의 개척 정신과 도전 정신을 오늘에 계승·발전시켜서 글로벌 대한민국과 21세기 위대한 한민족 시대를 창조해 나가는 데 있어서 우리가 어떤 자세와 의지로 무엇을 어떻게 해야 할 것인가를 생각해보는 소중한 기회가 되었으면 합니다.

　　다시 한 번 이 책의 출간을 기쁜 마음으로 축하하면서, 미래를 준비하는 젊은 청년들과 경제인들을 비롯한 많은 분께 꼭 한번 읽어보시기를 권해드립니다. 감사합니다.

장보고글로벌재단 이사장
김덕룡

우리 동포들의 글로벌 성공 스토리를 벤치마킹하자

9세기 초에 활약한 장보고 대사는 당과 일본에 이주, 정착한 재외 신라인 디아스포라의 전폭적인 도움을 받아서 통일신라의 경제 및 문화 영토를 중국과 일본은 물론 멀리 페르시아까지 활발한 해상 무역 활동을 펼쳤습니다.

완도군과 사단법인 장보고글로벌재단은 2016년부터 이러한 장보고의 글로벌경영 마인드를 계승하기 위해 '장보고한상 어워드'를 제정하고 '장보고한상 명예의 전당'을 개관·운영하고 있습니다.

'장보고한상 어워드'는 세계 180개국 750만 명의 재외 동포 중에서 기업을 일궈, 대한민국의 경제 및 문화 영토를 확장하는데 큰 공을 세운 재외 동포 경제인 가운데 한인 사회 발전과 한민족 정체성 확립에 앞장선 한상韓商을 '오늘날의 장보고'로 인증하는 명예로운 상입니다.

'장보고한상 어워드' 수상자들은 수상에 그치지 않고, 매년 2박 3일 일정으로 일 년에 두 번씩 완도를 방문을 하는 등 완도와의 인연을 지속적으로 이어가고 있습니다. 특히 2018 장보고한상 어워드 대상 수상자였던 박종범 영산그룹 회장의 초청으로 저는 지난 2월 18일부터 21일까지 사할린에서 개최된 '3.1운동 100주년 기념 평화통일 페스티벌'에 참가했습니다. 이때 아프리카에서부터 유럽 전역은 물론, 미국과 인도네시아 등에서 박 회장이 주최한 행사에 참석하기 위해 평통 자문위원들이 찾아온 모습을 보고 정말 '대단한 분'이라고 느꼈으며, 박종범 회장의 영향력을 알 수 있었습니다.

또한 완도 수산물 해외시장 개척을 위해 지난 5월 21일부터 24일까지 중국 상해를 방문했는데, 중국 내 어워드 수상자들과도 뜻 깊은 시간을 보냈습니다.

이처럼 어워드 수상자들과의 만남을 통해 합리적인 비즈니스 자세와 생각, 그리고 신뢰를 바탕으로 하는 인간관계 형성, 봉사하는 마음, 긍정적 마인드 등을 깨달을 수 있었습니다.

이 책에는 박종범, 안청락, 박상윤, 최분도, 장성배 등 장보고한상 어워드 수상자 다섯 분의 삶과 성공 비결, 성공 전략 등이 자세하게 정리되어 있습니다. 책을 통해 대한민국의 경제 및 문화 영토를 세계로 확장하는데 앞장을 서고 있는 장보고한상 어워드 수상자의 글로벌 경영을 벤치마킹하여 큰 도움을 받을 수 있기를 바랍니다.

2019년 7월
완도군수 신우철

글로벌 한상의 기업가 정신을
새로 정립하다

장보고한상 어워드 공모 사업은 2016년에 시작하여 올해로 4번째를 맞이한다. 세월이 흐를수록 어워드 공모 사업에 대한 인지도가 높아지면서 재외 동포 경제인들 사이에도 '장보고한상 어워드'에 대한 관심이 높아졌다고 말하는 분이 많다. 이로써 어워드의 제정 목적이 어느 정도 달성된 것 같아서 가슴 한편으로는 기쁘면서도 두려운 마음이 앞서는 것도 사실이다.

  '장보고한상 어워드'는 장보고의 도전 정신과 개척 정신 등 글로벌 경영 마인드를 계승하며 대한민국의 경제 및 문화 영토를 해외로 확장한 공로가 큰 재외 동포 경제인 가운데 한인사회의 발전과 한민족 정체성 확립에 앞장을 선 한상韓商들을 대상으로 주어지는 가장 명예로운 상이다. 다만 이 상賞을 받을 수 있는 대상자는 세계 180개국으로 이주한 후 정착에 성공한 재외동포 750만 명 가운데 기업을 창업, 글로벌 경영을 실천하는 재외 동포 경제인韓商으로 제한하고 있다. 제한하는 이유는 오늘날 한민족경제공동체를 구축하는 재외 동포 경제인들이 장보고 대사와 가장 닮았기 때문이다.

장보고 청해진 대사도 지금으로부터 1200여 년 전에 당나라로 건너가서 입지전적인 인물로 성장한 뒤 고향 완도로 돌아와 청해진을 설진하고 서남해안의 해적을 소탕하는 등 제해권을 장악함으로써 한중일 해상무역과 동서교역을 주도하는 등 글로벌 경영 체제를 구축했었다. 즉, 장보고의 업적 가운데 으뜸은 당시 절대 왕정 체제에서 관영무역(공무역)만 존재하고 있었을 때, 당나라와 일본에 거주하던 가야 및 백제, 고구려, 신라 등 한민족 구성원(이하 범신라인 디아스포라)을 규합하여 사私무역 또는 민간무역을 태동시 켰다는 것이다. 한마디로 세계 최초 세계인이 장보고였다.

그가 세계인이 될 수 있었던 것은 통일신라의 첨단산업인 해상 운송 기술을 활용하여 당나라에서 물류·유통 분야에 종사한 재 당신라인 무역상과 고대 일본의 경제권을 장악한 한반도 도래인을 규합, 글로벌 네트워크를 구축함으로써 통일신라의 경제 영토와 문화 영토를 한·중·일 삼국은 물론, 중동 지역으로까지 확장시 켰던 것이다. 이처럼 장보고가 이끄는 상단은 당시 중국과 일본 등 지에서 이주, 정착에 성공한 범신라인 디아스포라의 전폭적인 지원을 받았기 때문에 한·중·일 해상무역의 독점은 물론, 동서교역을 주도할 수 있었다. 마찬가지로 오늘날에도 대한민국의 경제 및 문화 영토를 해외에 확장하는 데 크게 기여한 집단은 재외 동포 경제인들이다. 여기에서 재외 동포 경제인을 굳이 '한상韓商'으로 표기한 것은 중국의 화교 경제인을 화상華商, 해외 거주 인도 경제인을 인상印商으로 축약해 부르는 것을 벤치마킹한 것이다.

장보고한상 어워드의 제정 목적

이 상의 가장 큰 특색은 명칭에서 알 수 있듯이 장보고 청해진 대사와 한상 등의 이질적 단어를 조합한 것이다. 이렇게 '장보고한상'이라는 고유명사를 만든 것에는 세 가지의 의미가 있다. 첫째, 재외 동포(코리안 디아스포라)의 뿌리는 장보고상단이다. 따라서 '장보고한상'을 조합한 것은 기업가 정신 측면에서 장보고와 한상이 일심동체라는 것을 강조한 것이다. 왜냐하면 한상은 대한민국의 경제 및 문화 영토를 해외로 확장, 소위 한민족경제공동체 형성과 한민족 정체성 확립에 앞장을 서고 있다는 측면에서 장보고상단의 후예라고 볼 수 있기 때문이다. 둘째, 장보고한상은 한민족의 해외 이주 역사와 상관이 있다. 여기에서 한민족 구성원에는 가야를 비롯한 백제, 고구려, 통일(신라)인이 포함되어 있다.

이들 한민족 구성원들이 강제 또는 타의이든, 자발적이든 대규모로 해외 이주를 했던 적은 크게 두 번으로 나눌 수 있다. 우선 고구려인들이 수나라와 당나라와 전쟁을 치르는 과정에서 포로로 잡혀갔다. 또한 백제와 고구려가 패망하면서 수십만 명의 유민들이 당나라로 끌려갔다. 이와 함께 가야 및 백제, 고구려, 신라 등 수많은 한반도 도래인들이 일본으로 건너갔다. 이들을 재당·재일 신라인사회를 형성했다. 장보고는 이들 재외 신라 디아스포라들의 전폭적인 지원을 받아서 빠른 시일 내에 민간무역을 주도했던 것이다. 한민족 구성원들이 다시 한 번 대거 해외로 이주하게 된 시기는 19세기 중엽이다. 1863년 13가구의 농민들이 블라디보스토크로 농업이민을 떠났고, 독립운동을 하기 위해 간도 및 연해주는 물론, 하와이 사탕수수 농장으로 근로이주를 했던 것이다. 오늘날 세계 180개국 750만 명이 해외로 이주·정착한 것을 재외 동포 또는 코리안 디아스포라라고 부른다. 한상은 재외 동포 가운데 기업인을 의미한다. 이런 맥락에서 해외 이주했던 한민족구성원을 상징하는 뜻에서 '장보고한상'이라는 고유명사를 작명한 것이다.

셋째, 장보고한상으로 조합한 것은 9세기에 활약했던 장보고 대사는 과거형이며 오늘날 대한민국의 경제 및 문화 영토를 확장하는 데 앞장서는 한상은 '오늘의 장보고' 또는 '21세기 장보고 대사'로 인증해주는 뜻을 담고 있기 때문이다. 특히 모국의 어린이와 청소년들이 장보고한상 어워드 수상자의 성공 스토리를 보고, 꿈과 비전을 갖게 된 이후 장성하여 세계경제를 주도하는 글로벌 인재로 성장할 수 있도록 기원하는 의미에서 장보고한상이라고 조합한 것이다.

장보고한상 명예의 전당 건립 배경

장보고한상 어워드 수상자에게는 상금을 주지 않는다. 다만 수상자에게 주는 유일한 혜택은 이들의 성공 스토리를 '장보고한상 명예의 전당'에 기획전시함과 동시에 2박 3일 완도투어를 제공하는 것이다. 장보고한상 명예의 전당은 수상자의 삶과 기업 경영 철학 등은 물론, 사진, 책자(브로슈어 포함), 해당 회사에서 생산한 제품 등을 기획전시하는 공간이다.

그렇다면 어워드 수상자의 성공 스토리를 장보고한상 명예의 전당에 기획전시하게 된 이유는 무엇인가?

장보고한상 어워드 수상자의 성공 스토리는 킬러 콘텐츠(killer contents: 핵심 콘텐츠)로 여기고 있다. 여기에는 깊은 뜻이 담겨 있다. 반역자로 낙인찍혔던 장보고 대사가 최근에 해상왕 또는 해신으로 재조명·재평가를 받게 된 결정적인 요인은 '옛 기록記錄'이다. 당나라 시인 두목杜牧의 《번천문집翻天文集: 장보고·정년전》과 일본 고승 엔닌圓仁 스님의 《입당구법순례행기入唐求法巡禮行記》 등의 기록물이 없었다면 장보고 대사에 대한 재조명·재평가 사업도 없었을 뿐만 아니라 그의 이름마저 역사에 남아 있지 않았을 것이다. 왜냐하면 기록을 남긴 이들은 생전에 장보고를 한 번도 만나지 않았지만, 그에 대한 기록을 남김으로써 천 년이 훨씬 지난 오늘날에 해상왕 또는 해신으로 재조명·재평가하는 데 결정적 증거를 제시했기 때문이다. 마찬가지로 어워드 수상자의 성공 스토리를 장보고한상 명예의 전당에 기획전시하는 취지는 모국의 어린이와 청소년들에게 관람을 통하여 꿈과 비전을 심어주자는 것이다. 이들이 성인이 된 후 세계경제를 주도하는 글로벌 인재로 성장할 수 있는 모델(참고서)을 보여주자는 것이다.

수상자의 기업가 정신, 세계에 내놓아도 손색없을 정도로 뛰어나

일부에서는 장보고한상 명예의 전당에 기획전시할 만큼, 수상자들의 기업가 정신이 뛰어나느냐에 대해 이의를 제기하는 경우가 있다. 필자가 만났던 수상자들의 생각과 태도, 행동, 철학 등은 세계 어디에 내놓아도 손색이 없을 정도로 뛰어나다는 사실을 깨달았다. 이들 수상자들이 현지에서 악착같이 살아남을 수 있었던 것은 '아웃사이더'라는 한계를 극복하기 위해 다양한 문화를 가진 인종들과 인간관계를 맺으면서 자신만의 독특한 기업가 정신과 경영 철학 등을 바탕으로 현지에 뿌리를 내렸기 때문이라는 사실을 확인했다.

필자는 장보고한상 어워드가 제정된 2016년부터 2018년까지 선정된 13명의 수상자를 만났다. 이들 수상자들의 대부분은 현재의 거주국으로 이주하여, 기업을 창업한 뒤 20년 이상을 살아온, 성공적으로 정착한 케이스였다. 극히 일부 수상자는 국내에서 기업을 경영하다가 거주국으로 공장 등을 이전·정착한 사례도 있다. 이들 수상자들과 만나면서 경험했던 것들을 토대로 분석한 특징을 정리하면 다음과 같다.

첫째, 수상자들은 다양한 인종과 문화가 다른 사람들(소비자나 비즈니스 파트너)을 수없이 만났기 때문에 나름대로 친화력과 인간적 매력, 글로벌 비즈니스 매너 등을 갖추고 있었다. 이 때문에 대화 과정에서 일방적인 주장을 하지 않고 항상 상대방의 주장과 의견을 경청하는 자세를 갖고 있다는 사실을 발견했다.

둘째, 수상자들이 돈이 많다는 것을 '티를 내지 않고' 항상 검소하고 소탈하며 근면한 생활 자세를 견지하고 있었다. 한마디로 돈이 있다고 거들먹거리지 않는 모습을 보여줬다. 특히 이들은 먼저 지갑을 열어 계산하는 습관이 몸에 배어 있었다. 이 때문에 수상자들을 만나는 사람들이면 누구든 간에 그들을 좋아할 수밖에 없는 휴머니즘적인 요소를 갖고 있었다.

셋째, 수상자들은 어떤 악조건 또는 난관에도 항상 긍정적인 마인드로 대처하는 남다른 습관을 갖고 있었다. 대부분의 사람은 어려운 상황에 처했을 때 얼굴에 붉으락푸르락하는 표정, 화, 분노 등이 쉽게 나타나기 마련이다. 하지만 이들 수상자들은 어떤 어려움에도 '평상심'을 유지하는 자세를 견지했다. 박종범 회장의 경우 지난 2월 18일부터 21일까지 사할린에서 '3·1운동 100주년 기념 평화통일 페스티벌'을 개최할 때 행사에 사용할 준비물들이 러시아 세관에서 통관되지 못하는 상황이 발생했음에도 '아무 일이 없었다는 듯이' 평상심을 유지하는 모습을 보여줬다. 만약 준비물을 담은 화물이 통관되지 않으면 페스티벌 자체가 무산될 수 있는 심각한 상황에서도 웃음을 잃지 않고 관계자들에게 '통관이 될 터이니 걱정하지 말라'고 하면서 오히려 격려했다. 안청락 회장은 필자의 실수로 광주 송정역~수서행 기차를 놓쳐버렸을 때에도 아무 일 없다는 듯이 곧바로 광천터미널로 옮겨 광주~대구행 고속버스를 이용했다. 솔직히 짜증날 수밖에 없는 상황에서도 그는 웃음을 잃지 않았다. 안 회장은 "어떤 부정적인 일이 생기면 의도적으로 긍정적이고 밝은 방향으로 마음가짐을 갖는 것을 오랫동안 훈련했기 때문에 금방 평상심을 되찾는다."고 털어놓았다.

넷째, 수상자들은 가정을 중시하는 태도를 견지하고 있다. 수상자들은 낯선 나라에서 정착하는 과정에서 힘이 되어준 존재는 아내와 자식들이었을 것이다. 모국에서는 친척과 친지들의 응원을 해줄 수 있지만, 기업을 창업하고 살아남기 위해서 전투적인 비즈니스를 벌일 때 아내의 응원과 격려가 많은 도움을 주었다는 점을 강조한다. 수상자들의 스토리를 읽으면 모두가 자녀들을 번듯하게 키웠음을 알 수 있다. 여기에는 박종범, 안청락, 박상윤, 최분도, 장성배 등 어워드 수상자들이 모두 해당될 정도로 가정을 끔찍이 챙기는 모습을 보였다. 따라서 가정의 화목은 성공적인 자녀 양육으로 이어진다는 사실을 깨달았다.

다섯째, 수상자들은 자신에게 물질적으로 손해를 끼쳤거나 또는 정신적으로 고통을 안겨준 사람들에게 법적 조치를 취하거나 추적하여 배상을 요구하는 방식이 아니라 오히려 그렇게 발생하게 된 요인을 분석·성찰하는 방향으로 자신의 마음을 다스리는 특징을 보였다. 박종범 회장은 우크라이나 우크르프롬에 사탕 포장재 인쇄물을 납품하는 과정에서 한국 내의 옛 회사 동료의 태업으로 클레임이 발생되었을 때 고의로 부도를 내고 잠적했던 인쇄 업체 사장을 추적, 손해배상을 청구하는 것을 택해 시간을 낭비하기보다는 새로운 비즈니스를 개척하여 손실을 만회하는 방향으로 마음을 다잡았다고 털어놓았다. 상해 박상윤 회장도 후배 주재원을 스카우트하여 무역 회사의 경영 전권을 넘겨줬는데, 이 총괄 사장이 거액의 회사 자금을 횡령하고 일부 직원들과 짜고 새로운 회사를 만들려고 준비하고 있다는 사실을 알게 됐다. 박 회장은 남의 나라에 와서 후배 주재원을 중국의 사법 당국에 고발하고 싶지 않아서 조용하게 내부적으로 처리했다.

여섯째, 수상자들은 한 번 만나는 사람들과는 신의를 바탕으로 인간관계를 맺는다. 일반적으로 비즈니스를 하는 사람들은 대부분 상대방이 자신에게 영업적으로 얼마나 도움을 줄 수 있는가를 계산한 뒤 사업 파트너를 가려 만난다. 그러나 장보고한상 어워드 수상자들은 거주국의 현지인은 물론, 다양한 인종과 문화가 다른 이방인, 그리고 현지 거주 재외 동포 등과도 스스럼없이 사귄다. 예컨대 어워드 수상자들은 올 3월에 개강한 '장보고글로벌경영 아카데미'에 강사로 참여했다. 이들은 바쁜 일정에도 불구하고 광주광역시의 강의장까지 찾아올 뿐만 아니라 시차 적응이 되지 않아 피곤한 상황에서도 아카데미 원우들과 밝은 모습으로 정성을 다해 대화를 나누는 모습을 목격했다. 이들은 인간관계를 맺을 때도 성심성의껏 상대방을 대한다는 것을 느낄 수 있었다. 최대한 예우를 해주는 자세가 몸에 배어 있다.

일곱 번째, 2018 어워드 수상자들의 특징은 기업 경영과 문화예술 분야를 접목시키는 기업문화를 갖고 있다는 점이다. 박종범 회장은 한국과 유럽 문화 교류를 전담하는 WCN법인을 별도로 세워 자신의 사비를 털어가면서 한국의 우수한 전통문화를 유럽에, 유럽의 고품격 예술문화를 한국에 선보이는 일을 하고 있다. 안청락 회장도 중국인과 조선족, 재중 한인, 북한인들이 스스럼없이 어울릴 수 있도록 사재를 털어서 한중교류문화원을 세운 후 문화 공간을 제공하고 있었다. 그는 중국에 없는 경로당을 신설하고 국악교실과 태권도 등을 전수하는 공간을 제공할 뿐만 아니라 중국 동북 지역에서 항일 투쟁을 벌였던 애국지사들과 관련된 후손들의 진술 내용을 책으로 출판하거나 유적 등을 복원·관리하는 데도 앞장 서고 있다. 박상윤 회장은 한국 청년화가의 기획전시회 등을 열어서 중국 지역에 홍보하거나 판매하는 데 앞장 서고 있다. 장성배 사장은 일본에서 밴드를 결성하여 봉사 활동에 나서고 있다.

여덟 번째, 이들 수상자들은 자기관리가 철저하다는 특징을 갖고 있다. 어워드 수상자들은 현지에서 기업을 일구고 경영을 했기 때문에 조금이라도 잘못을 할 경우에는 현지 사법 당국의 엄중한 통제를 받을 수 있기 때문에 스스로 몸조심을 한다고 밝히고 있다. 한마디로 현지 당국의 눈치를 볼 수밖에 없기 때문에 몸조심을 한다는 것이다. 어워드 수상자들은 비싼 술집은 피하고 간단하게 호프집에서 이야기를 나누는 것을 좋아한다. 또한 잦은 해외 출장 때문에 시차 적응을 하지 못해 불면증에 시달리는 경우에도 자신만의 노하우로 극복하는 경우도 흔히 찾아볼 수 있었다. 이밖에 회계 업무만큼은 빈틈없이 깨끗하게 처리하는 것을 신조로 삼고 있다. 이 때문에 어워드 수상자들에게서는 스캔들을 찾아볼 수 없었다.

이상과 같이 살펴봤을 때 수상자들의 기업가 정신과 경영 철학은 한국은 물론, 세계 어디에 내놓아도 손색없을 정도로 탁월한 글로벌 경영 마인드라고 평가할 수밖에 없다. 이러한 면에서는 오히려 국내 기업을 경영하는 CEO들이 자성해야 한다는 목소리가 높다. 예컨대 국내 30대 그룹 가운데 총수들이 온갖 불법·탈법 등에 연루되어 옥살이한 사례가 있다는 점이다. 이런 맥락에서 우리나라 국민들의 대다수는 부자라면 색안경을 끼고 보는 것이 일반적이다. 한마디로 기업가들을 존경하지 않는 사회 풍토가 형성되어 있다. 어떤 의미에서 보면 기업인들에게는 많은 일자리를 창출하고 수출을 통해 외화를 벌어들이는 등 긍정적인 평가를 할 요인이 많음에도 불구하고 제대로 평가를 받지 못하고 있다. 그러나 기업인들의 입장에서 보면 국가와 지역을 위해 나름대로 공헌했는데, 왜 소비자들이 제대로 평가를 하지 않을까에 대해서 불만을 표시하기보다는 자신을 성찰할 필요가 있다. 따라서 장보고한상 어워드 수상자의 스토리를 책으로 출판하는 이유는 이들의 삶과 기업 경영 철학, 기업가 정신 등을 국내에 소개해야겠다는 사명감 때문이다.

'장보고한상 명예의 전당'을 개관해 수상자의 스토리 기획전시

장보고한상 수상자의 성공 스토리는 후세들에게 알려줄 필요가 있는 킬러 콘텐츠다. 매년 선정된 어워드 수상자의 성공 스토리는 2017년 4월 14일 개관한 '장보고한상 명예의 전당'에 기획전시되고 있다. 다만 장보고한상 명예의 전당은 아직 독립 공간이 없어서 완도 장보고기념관의 1층 기획전시실을 빌려서 활용하고 있다. 내년에는 완도관광정보센터를 리모델링하여 장보고한상 명예의 전당으로 재개관할 예정이다. 독자적인 건물이 생기게 된 것이다.

필자가 장보고한상 명예의 전당을 만들어 수상자들의 자료(책, 사진, 제품 등 포함)와 경영 철학 등을 전시하면 그들이 좋아할 줄 알았다. 왜냐하면 자신들의 성공 스토리가 장보고한상 명예의 전당에 1년 동안 상설 전시할 경우 수상자 개인은 물론 기업이 홍보될 수 있기 때문이다. 그러나 의외의 반응을 보였다. 수상자들이 자신들의 성공 스토리를 기획전시하는 것을 그다지 고맙게 생각하지 않고 있었다. 그 이유는 수상자들의 삶과 경영 철학 등을 불특정 다수의 앞에 숨김없이 노출시켜야 한다는 부담감이 엄청 컸기 때문이다. 예컨대 수상자들이 아는 사람들이나 직원들 앞에서는 자신이 살아온 내용을 숨김없이 노출시켜서 이야기를 했지만 낯선 관람객들에게 '발가벗은 모습'으로 비쳐진다는 게 상당히 부담스럽다는 사실을 나중에야 알았다.

둘째, 수상자들이 살인적인 일정을 소화하기 위해 바쁜 일정을 보내고 있는데, 과거의 자료(대부분 망실)들을 귀찮게 요구한다는 것이다.

셋째, 수상자의 대부분은 오랫동안 사업을 열정적으로 추진하는 데 급급하여 과거와 관련된 내용을 체계적으로 정돈하지 않은 채 살아왔기 때문에 전시 관련 제품을 보내달라고 요청할 때 제일 난감하다고 털어놓았다. 특히 성공 스토리는 직원들이 대신 써줄 수 없는, 즉 오직 수상자만이 쓸 수 있는 것이다. 오랜 기억 속에 잊고 살아온 사실과 추억을 끄집어낸다는 것이 여간 고통스러운 일이 아닐 수 없다.

넷째, 정확한 사실적 근거 자료를 채근하는 필자에게 수상자들은 답답함을 호소하는 경우가 대부분이다. 특히 오래 전의 사진 자료를 제출해 달라고 요청을 받을 때 보통 난처한 일이 아닐 수 없

책을 펴내면서

다고 털어놓는다. 왜냐하면 수상자들은 치열하게 기업을 경영하다 보니 대부분의 과거 자료를 잃어버린 경우가 많았기 때문이다. 2017 수상자인 이재구 아이엘국제물류유한공사 회장은 "컴퓨터 몇 번 바꾸다 보면 과거의 사진과 자료들을 잃어버리는 경우가 허다하다."며 "어워드 수상자가 된 뒤 기록의 중요함을 깨닫게 됐다."고 말한다.

다섯째, 성공 스토리의 기록이 잘못되는 경우에는 심각한 문제가 제기되기 때문에 반드시 수상자로부터 감수를 받아야 한다. 이렇게 번거로운 과정을 수없이 거치게 된다.

수상자의 성공 스토리, 모국의 청소년들에게 꿈을 주는 교재

필자가 '장보고한상 명예의 전당'을 꾸미는 일에 적극적으로 나섰던 이유는 단 하나다. 어워드 수상자의 스토리를 기획전시함으로써 자라나는 어린이와 청소년들에게 꿈과 비전을 심어주자는 것이다. 이러한 논리는 2017년 어워드 대상 수상자였던 홍명기 회장(미국 듀라코트의 창업주이자 M&L홍재단 이사장)에게 먹혀들어갔다. 홍 회장은 한국정부로부터 동백장과 무궁화훈장 등 2개의 서훈을 받았다. 홍 회장은 대상 수상자로 선정될 당시 85세였기 때문에 더는 상을 받지 않겠다는 뜻을 굽히지 않았다. 즉, "늙은이가 추하게 상이나 탐내는 것이 주책으로 보일 것 같다."며 후보자가 되는 것 자체를 거절했다. 하지만 홍 회장은 뒤늦게 받아들였던 것은 자신의 부족한 인생 스토리를 전시하여, 어린이와 청소년들에게 꿈과 목표, 비전을 심어주자는 어워드 제정의 취지를 받아들였다. 이처럼 어워드 수상자들의 성공 스토리는 향후 디지털 유목민 시대를 선도하는, 소위 한국을 대표하는 '올곧은 기업가 정신'이라고 판단, 국내에 소개해야겠다고 다짐했다. 이에 따라 2016·2017 장보고한상 어워드 수상자 성공 스토리 모음집으로 정리해 《장보고의 후예, 한상의 영웅들》이라는 소책자를 2018년 10월에 출판했다. 이 책에는 차봉규·이연수·장영식·홍명기·정한영·김승호·이재구 등 수상자의 성공 스토리가 담겨 있다.

이번 책은 2018 장보고한상 어워드 수상자(박종범, 안청락, 박상윤, 최분도, 장성배) 등의 성공 스토리를 모아서 출판한 것이다. 다만 윤선규 말레이시아 다오래그룹 회장은 2018 장보고한상 어워드 농림축산식품부 장관상 수상자로 선정됐는데, 사정상 이번 책에서는 제외했다.

그렇다면 장보고한상 어워드 수상자의 성공 스토리를 책으로 펴낸 목적은 무엇인가? 첫째, 향후 세계경제를 주도하는 한민족 출신의 글로벌 인재(거상을 포함)들을 양성하는 데 활용할 교재를 제작할 필요성을 느꼈기 때문이다. 오늘날 국내에 소개되는 기업가 정신의 대부분은 해외 사례들이다. 정작 한국 출신 CEO들의 기업가 정신을 알리는 자료로는 턱없이 부족하다.

세계경제를 주도하는 기업가 정신과 경영 철학을 체계화해야

우리나라는 일제 식민지 지배 체제에서 해방된 후 동족 상잔의 비극인 6.25전쟁을 겪어 초토화되었지만 이를 극복하고 세계 6위의 무역대국으로 성장하는, 한강의 기적을 보여주었다. 이는 정부와 기업인, 근로자들이 합심하여 압축 성장을 실현한 덕분이다. 즉, 한민족의 저력을 보여준 것이다.

필자는 오랫동안 중국과 일본의 상인 정신을 규명해왔다. 일본은 세계에서 가장 오래된 기업을 보유하고 있는 나라로 유명하다. 창업한 지 약 1400여 년을 넘게 운영돼 온 곤고구미金剛組라는 기업이 있다.《오래가는 것들의 비밀》(이랑주 저)이라는 책에는 100년 이상 된 일본 기업체 숫자는 25,321개인데 반해 한국은 8개 기업밖에 없다고 적혀 있다. 이 자료를 살펴보면 일본은 장수기업이 엄청나게 많은 데 비해 우리나라의 경우 겨우 한 자리 숫자를 벗어나지 못하고 있다. 반면 중국은 혈연과 지연 등을 매개로 동업同業으로 기업의 영향력을 확대, 중국은 물론, 동남아와 세계 각국의 경제를 쥐락펴락하는 세력으로 등장했다. 다만 우리나라가 중국과 일본 등에 비해 부족한 부분은 기업가 정신(상인 정신)과 경영 철학 등이다. 솔직히 말하자면 한국 고유의 기업가 정신과 경영 철학을 연구하는 전문가가 부족하다고 볼 수 있다.

왜냐하면 세계에서 가장 오래된 기업은 1400년이 넘는 일본의 곤고구미다. 이 회사는 백제 출신으로서 오사카 사천왕사를 건립했던 유중광이 설립했다.

세계화 시대에는 재외 동포 경제인을 잘 활용해야

세계화 시대를 맞이하여 재외 동포 경제인의 역할이 그 어느 때보다 크다는 게 사실이다. 이들은 180개국에 자리를 잡고 있기 때문에 현지 문화, 비즈니스 룰과 태도 등을 누구보다도 잘 꿰뚫고 있다. 게다가 이들은 현지어와 모국어 등 다양한 언어를 구사할 수 있는 능력을 갖고 있다. 더욱이 아웃사이더로 생존하기 위해 현지 시장은 물론 글로벌 시장 개척에 앞장을 선 도전 및 개척 정신으로 무장되어 있다. 따라서 글로벌 경영을 실천하는 재외 동포 경제인 출신 기업인을 발굴해야 할 필요가 있다. 이런 맥락에서 장보고한상 어워드 수상자들은 현지에서 기업을 창업하고 수성하는 과정을 거치면서 나름대로의 경영 철학과 마인드, 기업가 정신을 체계적으로 정립할 필요가 있다. 이들의 성공 전략과 성공 비결, 기업가 정신 등은 자라나는 청소년과 청년들의 해외 진출을 하는 데 벤치마킹해야 할 비즈니스 모델로 활용해야 할 필요가 있다.

최근 우리나라에서는 꿈과 목표를 잊고 취업과 결혼을 포기하는 청년이 많아지고 있다고 걱정하고 있다. 이 책을 읽는 청소년들과 청년들의 가슴속에 잠자고 있는 도전 정신과 개척 정신을 일깨우는 모티브가 되길 기원해본다.

특히 어려운 여건 속에서 이 책이 햇빛을 볼 수 있도록 도와준 영산그룹의 박상옥 차장과 상익그룹의 안상경 박사를 비롯한 회사 관계자와 청해출판사의 윤미정 대표에게 감사를 드린다.

2019년 7월

금당산 청산재에서

황상석

차 례

박종범　영산그룹 회장
(오스트리아)

세계 도전 20년,
　　진정성과 열정으로
　　문화와 인종을 뛰어넘다

오스트리아 비엔나에 본사를 둔 영산그룹의 박종범 회장(62)은 올해로 창업 20주년을 맞는다. 지정학적으로 '유럽의 한 가운데 있는' 오스트리아에서 기업을 일군 그의 사업장은 러시아를 포함한 유럽과 아프리카, 아시아 등 3개의 대륙에 걸쳐 무려 21개국 36개 계열사를 두고 있다.

그의 성공 비결은 진정성을 바탕으로 신의를 생명처럼 중시한다는 점이다. 박 회장은 자신이 약속한 것은 어떤 일이 있어도 지키고 한 번 인연을 맺은 사람과는 그 인연을 절대 소홀히 하지 않는다. 친구나 지인들과 함께 정을 나누고 함께하는 것도 좋아한다. 거대 기업의 회장이지만 누구를 만나더라도 소탈하고 겸손한 태도로 응대한다. 한 번이라도 박 회장을 만났거나 그의 모습을 지켜본 사람들은 자연스럽게 그를 존경하는 마음을 가지게 된다고 털어놓는다. 그는 절대 부유한 내색을 하지 않는다.

박 회장의 경영 방식을 한마디로 표현한다면 '세계 경영'과 '사회 경영', '인간 경영', '예술 경영' 등을 구사하는 '글로벌 비즈니스의 귀재'로 부를 수 있다. 그는 체질적으로 폼을 잡는 것을 극도로 싫어한다. 의사결정도 전광석화처럼 빠르다. 이런 박 회장의 경영스타일은 '한국인의 정신'을 대변한다고 믿고 있다. 이 때문에 영산그룹의 경영목표는 '유럽의 심장에 소재하지만 한국인의 정신으로 경영되며 전 세계로 진출, 활약할 뿐만 아니라 모두에게 존경받는 글로벌 기업'이다.

그가 늘 강조하는 한국인의 정신은, 한민족의 탁월한 정체성과 우수성, 애국심 등이다. 이는 박 회장이 일생을 살아오면서 치열하게 추구해왔던 '한국인의 정신'과 '모두로부터 존경을 받는 회사'를 지향하는 경영 철학과 깊게 연관되어 있다. 즉, 그의 삶을 반추해본다면 창업 후 20년 동안 세계를 무대로 도전하면서 한시도 잊지 않았던 '한국인의 정신'은, 철저한 신앙심을 바탕으로 한 진정성과 한민족으로서의 자긍심과 열정을 근거로 한 민족애였다. 이런 그의 생각은 모국과 고향에 대하여 남다른 애착과 자긍심에서 비롯됐다고 봐야 할 것이며 이 같은 기업 정신을 높이 평가받아 '2018 장보고한상 어워드' 대상 수상자로 헌정됐다.

〈편집자 주〉

관심과 배려로 상대의 마음을 사로잡는 기업인

박종범 회장은 창업 이후 20년 동안 매년 200일 이상 해외 출장을 다닌다. 그것도 수행 비서 없이 혼자 다닌다. 거대 기업의 회장답지 않은 모습이다. 살인적인 일정을 홀로 감당하는 것을 보면, 오히려 즐기는 편이라고 해야 맞을 것 같다. 계열사를 운영하는 법인장에게는 경영 전권을 맡긴다. 그러나 업무 보고를 제대로 하지 않거나 거짓 보고를 하는 경우에는 가차없이 그 책임을 묻는다. 박 회장은 한인사회의 단체장이나 비영리단체의 책임을 맡고 있다. 그는 생색내기식으로 감투만 쓰고 대충 시간만 때우는 식으로 일하지 않는다. 한번 직책을 맡은 이상, 끊임없이 아이디어를 내고 기획하여 실행에 옮기는 등 오지랖 넓게 일을 벌인다. 봉사 활동도 우선적으로 시간을 할애하고 거액의 기부금도 인색하지 않고 사회에 환원한다.

최우선의 경영 원칙, 먼저 베풀어라

박 회장은 표시가 나지 않는 곳에 기부하는 경우가 많다. 그의 경영 원칙 가운데 하나는 먼저 베푸는 것이다. 슬로바키아 까르멜 오토의 권병석 법인장은 초기에 공장을 건설할 당시의 일화를 털어놓았다.

당시 슬로바키아의 질리나 공장 설립에는 막대한 자금이 필요했다. 부족한 자금을 확보하기 위해 매일 전쟁을 치를 정도로 심각했었다. 눈코 뜰 사이 없이 바쁜 일정을 보내고 있는데, 박 회장으로부터 현지 공장 주변의 어려운 단체를 조사하라는 지시가 내려왔다. 박 회장의 성격을 잘 아는 터라, 지체 없이 양로원과 장애인고아원 등 주변 지역의 불우단체에 대한 현황을 조사해 보고했다. 박 회장은 그 어려운 상황에서도 그 중 한곳인 장애인고아원을 방문하여 세탁기와 TV 등 가전제품을 기증하였다. 그곳 원장에게 무엇이 더 필요한지를 물어보고, 장애인을 수송하는 승용차가 필요하다는 요구에 즉시 차량을 사주기도 했다. 박 회장은 자금난에 피를 말리는, 즉 도저히 기부할 수 없는 상황에서도 도움이 필요한 곳이라면 기부를 서슴지 않았다.

권 법인장은 "어떤 대가를 바라고 행한 일은 아니었으나, 이런 선행의 여파는 컸다. 카르멜 오토의 사회 활동은 점차 소문이 나기 시작했고, 대관 업무나 인력 조달 부분에서 지역사회의 적극적인 협조와 지원을 받을 수 있었다. 현지 직원들은 자연스럽게 회사에 대한 자부심을 가지게 되었고 생산력이 증대되었다. 결근율이 현저히 낮아지고 직원들의 열정이 생산성 향상에 크게 기여하였다."고 털어놓았다.

박 회장은 "실제 어려운 곳에 기부를 하면 신기하게도 힘든 문제가 잘 해결됐던 사례가 많았다."고 털어놓았다. 그는 21개국 36개 계열사에 3천 명의 직원과 수많은 협력 업체, 거래처를 두고 있지만, 순수한 진정성을 가지고 인간관계를 형성한다. 그가 문화와 인종이 다른 국가에서 비즈니스를 할 수 있었던 것은 오직 열정과 진정성을 바탕으로 임했기 때문이다. 즉, 오늘날의 영산그룹으로 성장할 수 있었던 비결은 '어느 나라든 누구를 만나든, 열정과 진정성을 갖고 임하면 어떤 시련이나 고난도 감동으로 극복할 수 있다는 사실'을 깨달은 것이다. 이러한 바탕 위에서 비즈니스를 하면 기업의 생명력이 확장된다는 사실을 몸소 터득한 것이다.

슬로바키아 양로원 방문

장애아 보육원 나들이 기념 사진

무역 회사의 정보력과 제조업의 지속성을 결합한 기업 경영

작은 무역 회사로 시작하여 중견 그룹으로 성장 발전시켰던 결정적인 비결은 무엇일까? 특히 2007년 이후 동유럽과 러시아, 중앙아시아, 중동, 아프리카, 인도, 파키스탄 등의 지역으로 글로벌 경영을 확대할 수 있었던 비결은 무엇일까? 기획조정실의 박상욱 차장은 영산그룹의 장점을 이렇게 말했다. "무역을 통해 얻은 정보력과, 미래를 준비하고 기다리는 자세를 바탕으로, 기회가 주어지면 신속하게 의사결정하여 신규 사업에 과감하게 뛰어들며 제조업과 융합하는 지속가능한 비즈니스를 전개하는 데 독보적인 역량을 갖고 있다."

박 회장의 뛰어난 점은, 정보를 빠르고 정확하게 입수하여 진출의 기회를 검토하고 나면 의사결정도 빠르게 한다는 것이다. 그는 좋은 기회가 생기면 일단 잡아둔 후, 어떻게든 인력과 자금을 끌어온다. 이는 그가 글로벌 비즈니스의 핵심이 인간관계에서 결정된다는 사실을 몸소 체험했고, 매사에 신뢰를 기반으로 글로벌 네트워크를 구축하는 데 심혈을 기울였기 때문이다. 특히 글로벌 투자를 지속적으로 하는 바람에 늘 자금의 여유가 없었지만, 통 크게 일을 처리하는 대범함과 회계 등의 숫자를 꿰뚫는 적확성을 모두 갖고 있기 때문에 실수하는 일이 거의 없었던 것으로 직원들은 기억하고 있다. 예컨대 임직원들에게도 회사 경영에 대한 권한을 100% 위임하되 보고를 철저하게 하라고 주문한다.

그는 철저하게 실리 위주의 경영을 한다. 회사 내에서 그의 호칭은 여전히 '사장社長'이다. 그는 '회장'보다는 사장으로서의 위치를 고수한다. 이는 직원들에게 무한한 신뢰를 보여줌으로써 진정성을 최대한 끌어내는 리더십을 발휘하는 동시에 방대한 글로벌 조직을 효율적으로 관리하는 묘수를 보여주고 있다. 그는 직접 방문하지 못하는 계열사 직원들에게 서신을 보내서 커뮤니케이션을 한다. 다음은 2019년 4월에 전 직원들에게 보낸 편지다.

사랑하는 영산 임직원 여러분, 안녕하십니까

금년 한 해의 25%를 보내고 이제 새로운 분기를 시작하는 4월입니다. 나는 두바이, 카이로, 요하네스버그를 거쳐 이곳 모잠비크 마푸토에서 4월의 첫날을 맞이하였습니다.

오늘 마푸토 인근 두 곳에서는 우리 그룹이 후원하여 '평화의 샘물', '희망의 샘물'로 각각 이름 지은 '아프리카 어린이 식수 공급 개수식' 행사가 열립니다. 임직원 여러분의 노고에 힘입어 지난해 8월, 말라위에서 시작된 이 사회공헌 활동은 탄자니아를 거쳐 모잠비크에까지 펼쳐졌고 짐바브웨, 잠비아, 남아공 등으로 계속 확대되어 나갈 것입니다.

지난 3월, 나를 비롯한 우리 영산의 많은 임직원은 전 세계의 사업장을 오가며 현장을 점검하고 새로운 기회를 찾아서 참으로 분주한 날들을 보냈습니다.

ESR법인은 지난 3월 8일, 세르비아 포자레바츠와 '산업 및 의료 폐기물 처리 시설 구축을 위한 투자 협력 MOU'를 체결하였습니다. 세르비아 정부도 적극적인 협조를 약속하였고 우리는 금년 4분기 가동을 목표로 공장 건설에 박차를 가하고 있습니다.

YSG법인은 3월 20일, 국내 유수의 공기업인 한국남동발전㈜과 '해외 전력 사업 및 친환경 발전 사업 상호협력 양해각서'를 체결하였습니다. 또 3월 22일에는 쿠알라룸푸르에서 말레이시아 유력 비즈니스그룹과 "말레이시아 시장 신규 진출을 위한 상호협력 MOU"를 체결하는 등 신사업 개발과 동남아시아 진출 교두보 확대를 추진하였습니다.

YSKD법인은 신제품 범퍼 사출 사업에서 안정된 생산과 품질 역량을 보여주어 고객사와 협력사에 큰 만족을 주었습니다. 이에 대한 화답으로 고객사는 자동차 부품 물류 사업, 모듈 사업, 국산화 사업을 추가로 제안하여 사업 규모와 영역이 더욱 커질 것으로 전망됩니다.

GSP법인은 국내 대기업으로부터 플라스틱 사출 및 블로우몰딩 사업에 새로이 진출해줄 것을 제안 받고 협의를 진행중입니다. ETS법인, YSKD법인에 이은 세번째 플라스틱 사출 사업 진출로 우리 영산그룹의 플라스틱 사출 사업 역량이 더욱 강화될 것으로 전망됩니다.

TMC공장운영팀은 알제리에 건설 중인 CKD 공장에 설치될 기계장치 및 유틸리티 설비 1차 선적분이 현장에 도착하여 공장 안으로 반입되었다고 보고 해왔습니다. CKD 공장과 국산화 공장이 점점 그 위용을 갖추어 갈 것을 상상하니 새삼 가슴이 뜨거워집니다.

사랑하는 임직원 여러분, 이외에도 우리를 설레게 하는 수많은 일이 일어나고 있으며 이제 4월을 맞아 몇 가지 당부 말씀을 전하고자 합니다.

첫째, 1/4분기 마감 실적 보고입니다. 철저한 실적 분석을 통해 미흡한 점과 잘된 점을 면밀히 파악하고 잔여 기간 및 금년 목표 달성 방안을 점검·보고해주기 바랍니다. 또 수립된 목표 달성 방안을 바탕으로 적극적인 책임경영을 실천해주기 바랍니다.

둘째, VISION 2024를 달성하기 위한 5개년 사업 계획 수립입니다. 이는 각 법인이 5년 뒤 자기 미래상을 그려보고 지속성장 법인으로 발전하기 위해 무엇을 해야 하는가를 함께 고민해 보기 위한 것입니다. 창립 20주년을 맞이하는 당당한 글로벌 비지니스그룹의 일원으로서 각 법인은 뚜렷한 목표의식과 원대한 비전을 그 속에 담아 주기 바랍니다.

셋째, 불확실한 경영환경 변화에 대비한 시나리오 경영을 체질화해 달라는 것입니다. 각 법인은 발생할 수 있는 시나리오별로 선제적 대응 방안을 수립하여 경영환경 변화에 능동적으로 대처해야 할 것입니다. 특히 우리 일부 사업장이 속한 신흥국은 정치, 경제 변동성이 매우 커 시나리오 경영 필요성이 더욱 커지고 있음은 주지의 사실입니다.

신규 투자도 마찬가지입니다. 불확실한 환경속에서도 우리 영산그룹이 계속 성장하기 위해서는 반드시 신규 사업을 개발해야 합니다. 사전에 투자 장단점과 사업성, 예상 시나리오를 꼼꼼히 검토하여 적기에 의사결정할 수 있도록 그 준비에 만전을 기해주기 바랍니다.

4월이 되면 나는 "4월은 가장 잔인한 달, 죽은 땅에서 라일락을 키워 내고 추억과 욕정을 뒤섞고 잠든 뿌리를 봄비로 깨운다. 겨울은 오히려 따뜻했지요."로 시작하는 T.S. Eliot의 시 '황무지'가 생각납니다. "시인은 변화를 거부하고 현실에 안주하는 찰나주의, 매너리즘과 같은 무의미한 삶의 태도를 역설적으로 비판하였다."고 배운 기억도 납니다.

세계 도전 20년, 진정성과 열정으로 문화와 인종을 뛰어넘다

사랑하는 임직원 여러분, 지금쯤 북반구에는 꽃이 전해주는 봄소식이 한창이겠지요? '처음처럼, 새롭고 힘차게 다시 시작하자'는 싱그럽고 풋풋한 봄 전령과 함께 자신의 마음가짐을 새롭게 하고 조직 안에 있는 낡고 쓸모 없는 군더더기도 과감하게 걷어내면서 변화와 혁신의 의미를 다시 한 번 되새겨 보기 바랍니다.

끝으로 사랑하는 우리 영산가족 여러분의 가정과 일터에 희망의 봄기운이 가득 넘쳐 건강과 행복, 평화와 번영이 늘 함께하고 여러분이 계획한 모든 일이 순조롭게 성취되는 그런 4월이 되기를 기원합니다.

영산그룹 사장 박종범

어렸을 때 꿈 법관, 비즈니스 귀재로 성장

어렸을 때 그의 꿈은 법관이었다. 사법고시에 합격해야겠다고 마음을 먹고, 서울대 법대에 지원했으나 고배를 마셨다. 낙심하고 있는 그에게 친한 친구(전영타 전 동아여고 교장)가 후기로 모집하는 조선대 경영학과에 입학원서를 대신 제출했다. 전체 수석으로 합격해 4년 동안 성적 장학금을 받고 다녔다. 대학 시절에는 행정고시를 봐서 관료의 길을 걷겠다고 다짐했다. 필수 과목으로 경영학 관련 과목을 선택했지만, 나머지 교양 필수 및 선택 과목은 민법 및 행정법 등 법 관련 과목을 집중해서 들었다. 화순 쌍봉사에서 고시를 준비했다. 대학 2학년 때 1차 시험에 합격했지만 2차에서 실패했다. 연세대 행정대학원(석사 과정)에 진학한 뒤에도 행정고시 준비에 매달렸다. 한 차례 더 1차 합격했으나, 연거푸 탈락의 고배를 마셨다. 법조인과 관료가 되고자 했으나 뜻을 이루지 못하자, 1982년에 카투사로 입대했다. 1983년에 아내 송효숙 씨를 만났고 1984년에 제대한 뒤 대성산업에 입사하고 11월에 결혼, 슬하에 2남을 두었다. 이후 기아인터트레이드에 스카우트됐던 그는 1996년에는 기아인터트레이드 오스트리아 법인장으로 발령을 받아 유럽 생활을 시작한다.

1999년 창업한 영산, 한국의 정신 계승

그는 고풍스러운 비엔나의 모습에 매료되었다. 평소 오스트리아인들이 상상을 초월할 정도로 혹독한 고생을 하면서 유럽의 멋진 도시 비엔나를 만들었다고 생각했기 때문에 늘 감사하는 마음을 갖고 있다. 자신은 무임승차자이기 때문에 좀 더 양보하고 손해를 봐도 괜찮다는 입장이었다. 그는 질서가 잘 잡힌 서유럽으로 진출하기보다는 동유럽을 택했다. 공산주의 체제의 붕괴 이후, 사회 및 경제 체제가 불안하지만 오히려 비즈니스를 하기에는 적합하다고 판단했다. 그는 체코, 슬로바키아 등 동유럽과 러시아, 독립국가연합CIS 등을 주로 공략했다. 그러던 중 1997년 대한민국이 IMF 외환위기로 국가 부도 사태에 처했고, 1998년에는 기아그룹이 현대자동차그룹에 흡수합병됐다. 본사에서 구조조정 차원에서 오스트리아 법인을 폐쇄하고 서울로 복귀하라는 발령을 냈다. 그 순간 그는 현실에 안주할 것인지, 광야로 나갈 것인지를 놓고 오랫동안 고민했다. 한국으로 복귀한다고 해도 혹독한 구조조정이 기다리고 있을 터였다. 고심 끝에 자녀들의 교육을 위해서라도 오스트리아에 남아야겠다고 결심한다. 그리고 창업의 길을 택했다. 창업하게 된 결정적 계기는, 사실 아내의 격려였다. 이후 법인장으로서 누렸던 특권을 모두 버렸다. 집의 규모도 줄였고, 자녀들도 국제학교에서 오스트리아 현지 학교로 전학했다. 창업 초기에는 뚜렷한 수입이 없었기 때문에 지출을 최대한 줄이는 자린고비 전략을 택했다. 1999년 7월 16일에 자본금 1억 원으로 직원 1명을 둔 회사(영산 한델스)를 창업했다.

회사명을 짓는 데 꽤나 고심했다. 그만큼 중요하다고 판단했기 때문이다. 회사명 2개를 준비하여 비엔나 한인성당의 주임신부를 찾아갔다. 신부님은 박 회장에게 2개 중에서 하나를 동시에 같이 들자고 제안했다. 주임신부와 그가 집어든 것은 영산이었다. 사실 영산으로 회사명을 지은 데는 3가지 이유가 있다. 첫째, 그의 세례명 카르멜로(이스라엘 북쪽에 위치하며 구약의 엘리아 선지자가 활동했던 곳)와 연관, '성스러운 산'을 뜻하는 영산靈山에서 따왔다. 이 때문에 계열사의 이름 가운데 까르멜과 엘리아스 등은 모두 이 성스러운 산과 관련이 있다. 둘째, 고향을 흐르는 영산강을 잊지 않고 간직하겠다는 뜻이 있다. 셋째, 김소월의 시 '영변의 약산 진달래꽃'에 나오는 영산처럼 시와 예술이 함께하는 회사의 분위기를 조성하겠다는 의지가 반영되어 있다. 창업 후 20년 동안, 세계 무대에 도전하면서 한시도 잊지 않았던 것은 이러한 '신앙심을 바탕으로 한 진정성과 애향심, 그리고 조국애' 등을 간직한 한민족으로서의 자긍심이었다.

동유럽과 러시아, 중앙아시아, 아프리카로 진출

창업 후 첫 번째로 한 일은 대기업 법인장의 배지를 떼고 가장 낮은 곳으로

영산그룹 박종범 회장의 집무실 전경

교황의 축복장

내려가는 일이었다. 하루 2~4시간밖에 자지 않고 휴일도 반납한 채 연 200일 이상 해외 출장을 다녔다. 동양인 출신의 새내기 기업인이 성숙하고 발전한 선진 유럽사회에서 뿌리 내리기는 쉽지 않았다. 아웃사이더에 대한 텃세와 동양인을 업신여기는 태도가 상상을 초월할 정도로 심했기 때문이다. 그가 창업 후 가장 중시했던 가치는 신뢰였다. 신뢰는 세계 어디서든 비즈니스의 첫 번째 덕목이다. 특히 유럽은 한 번 믿으면 끝까지 신뢰하는 비즈니스 문화가 정착되어 있는 곳이라 여기고 마음깊이 새겼다. 박 회장은 신뢰를 한 번 형성하면 인종과 문화를 초월한다고 믿는다. 그래서 문화와 풍습, 인종이 다른 21개 국가를 상대로 비즈니스를 할 때 가장 중요한 원칙으로 인간적 신뢰감을 꼽는다. 상대를 배려하는 게 비즈니스의 최우선 순위다.

박 회장은 앞서 언급했듯이 사회적 시스템과 경제 구조가 안정된 서유럽보다는 동유럽의 틈새 시장을 뚫어야겠다고 판단했다. 그가 첫 번째 관심을 가졌던 지역은, 법인장 시절에 마케팅을 했던 동구권과 러시아, 우크라이나였다. 당시 이들 국가에서는 많은 국영 기업이 민영화되고 있었다. 이 시기를 잘 활용하면 얼마든지 비즈니스의 성과물이 나올 수 있을 것으로 판단했다. 예상대로 그의 판단은 적중했다. 특히 우크라이나를 집중적으로 공략했는데, 1991년 소련연방에서 독립했던 우크라이나는 쿠츠마 대통령 2기 집권과 더불어 강력한 통화 안정 정책과 경제 개혁을 실시하여 연 10%대의 경제성장률을 보였기 때문이다. 박 회장은 우크라이나에서 보통 짧게는 3주에서 2달 정도까지 장기 체류하면서 기존의 바이어들과 인맥을 새롭게 구축해갔다. 특별히 공을 들였던 업체는 우크르프롬 인베스트먼트였다. 초콜릿 공장을 세워 막대한 부를 일

페트로 프로셴코 전 우크라이나 대통령과 함께

평창 동계올림픽 당시 우크라이나 대표단을 초청, 환영만찬 및 음악공연을 개최하였다

컸던 전 우크라이나 대통령 페트로 프로셴코가 설립한 이 회사는(이하 우크르프롬) 투자 회사다. 소련의 공산주의가 붕괴될 때 헐값으로 국영 자동차기업인 보그단, 수송 업체인 아우토엑스포, 선박 제조 업체인 렌닌스카 쿠즈냐 등을 잇달아 인수했다. 이 때문에 기아자동차 계열사의 법인장으로 근무했던 경력을 살려 이 회사에 자동차 부품을 거래할 의도였던 것이다.

잘못 걸었던 전화, 첫 오더 … 클레임으로 거액 배상

첫 오더는 사탕 포장재 납품 건이었다. 이 오더를 받게 된 건 우연이었다. 우크르프롬의 자동차 구매 담당 실무자에게 전화를 걸었는데, 예기치 않게 제과 구매 총괄 책임자와 연결되었고 그게 인연으로 이어지게 되었다. 과거 신용장 문제로 단 한 번 만난 적이 있던 그는 박 회장의 전화를 받자마자 기다렸다는 듯이 환대하면서 당장 만나자고 제의했다. 총괄 책임자는 그동안 터키에서 수입한 사탕 포장재에서 불량품이 나오는 등 문제가 많아 공급선을 한국으로 바꾸고 싶다며 박 회장에게 이 일을 맡아달라고 부탁했다. 뜻밖이었다. 아마도 당시(1999년경) 한국의 케미컬 수준이 세계적이라는 업계의 평가가 한몫 했을 것이다.

박 회장은 바로 예전에 다녔던 회사의 동료였던 A 씨에게 사탕 포장재를 공급할 수 있는 업체를 물색하고 납품을 책임지는 방식의 동업을 제안했다. 박 회장은 오더를 받는 업무와 대금을 회수하는 업무를 맡고, 상대는 품질과 생산 관리, 납기, 선적 관리 업무를 맡기로 했으며, 수익금은 5대 5로 배분하기로 했다. 드디어 2000년 1월 사탕 포장재를 수출하고 1년 동안은 성과가 좋았다. 인쇄기를 24시간 풀가동해야 할 정도로 물량이 많았다. 그러나 인쇄기를 1년 내내 쉴 새 없이 돌리다 보니 문제가 생기기 시작했다. 인쇄기의 실린더 동판이 닳아서 제대로 인쇄된 글자가 나오지 않게 되었고 이것을 납품한 것이 화근이 되었다. 결국, 박 회장은 바이어로부터 165만 달러에 이르는 클레임을 당했다. 이 소식이 전해지자 인쇄 업체의 사장은 고의로 부도를 내고 잠적해버렸다.

눈앞이 캄캄했다. 창업 초기에 거액의 클레임을 물어내야 하는 상황은 회사의 존망과 직결된다. 냉철하게 클레임의 원인을 분석한 결과, 동업자였던 A 씨의 심리적 불만 때문에 비롯됐다는 사실을 깨닫게 되었다. "남의 떡이 더 커보인다."라는 속담이 있듯이, 동업자인 A 씨 입장에서는 박 회장이 하는 일에 비해 수익의 절반이나 가져가는 것이 부당하다고 느꼈던 것이다. 자신은 매일 인쇄소에 출근하다시피 하여 품질 관리와 납기 문제 등을 챙겼는데도 불구하고 수입이 절반밖에 안 되는 게 공정하지 못하다고 생각했던 것으로 분석했다. 결국 업무에 점점 소홀해지기 시작했고, 심지어 박 회장과 아무 관계도 없는 자신의 동생에게 일을 맡겨서 클레임이 발생하게 된 것이었다.

박 회장은 잠적한 인쇄업자를 추적할 것인가, 아니면 깨끗이 포기하고 새로운 비즈니스를 개척할 것인가를 놓고 깊은 고민에 빠졌다. 그의 해법은 부도를 내고 잠적한 사장을 추적해 손해배상을 청구하는 데 시간을 낭비하기보다는 새로운 비즈니스를 개척하여 손실을 만회하는 것이 낫다고 판단했다.

창업 초기인 탓에 자금을 조달하는 데 많은 어려움을 겪었던 박 회장은 신뢰를 잃으면 모든 것이 끝난다고 생각했다. 결국 우크르프롬에 전액 배상하겠다고 약속을 했다. 그는 가장 어렵고 힘든 나날을 보내면서도 웃음을 잃지 않았고 겸손한 자세로 끝까지 책임을 지겠다는 자세를 보여주었다. 그가 이때 뼈저리게 느꼈던 교훈은 불가피한 경우를 제외하고는 동업은 절대 하지 않는다는 철칙이 바로 그것이다.

그 많은 불량품 가운데 괜찮은 것은 골라내는 작업을 했고, 클레임 금액을 50만 달러로 낮추었다. 죽도록 노력한 끝에 채무를 2년 만에 모두 갚을 수 있었다. 이 클레임 사건을 통해 "박종범은 믿을 수 있는 파트너다."라는 찬사를 받았다.

박 회장은 이 일을 계기로 해서 느낀 바가 컸다. 항상 경청하는 낮은 자세로 소통과 공감을 중시하는 겸손함과, 사탕 포장재를 처음으로 수주하던 당시의 초심을 유지할 것, 그리하여 모두가 더불어 함께 나누는 삶을 지향해야겠다는 교훈을 얻었다. 창업 20년을 맞는 올해도 그는 이 교훈을 자양분으로 여긴다.

전화위복이라는 말이 있다. 한번 신뢰가 생긴 그의 파트너는 박 회장이 2004년부터 한국의 자동차 부품과 배터리, 타이어, 케이스, 힐 등은 물론, 염화비닐수지PVC, 폴리에틸렌PE, 폴리프로필렌PP 등 케미컬과 수지 제품 등 많은 물량을 우크라이나에 팔 수 있도록 도와주었다. 특히 데코레이션 시트 공급 사업은 우크라이나 전체 시장의 60%를 차지할 만큼 큰 규모였다. PVC 파이프 등도 다량으로 공급하였다. 더욱이 우크르프롬은 2004년에 박 회장의 전문 분야인 자동차 사업을 제안하였고, 2005년부터 자동차무역금융 사업을 전개할 수 있었다.

당시 우크라이나는 경제가 활황이라서 자동차 수요가 급증했다. 우크르프롬은 막대한 선금을 주고 완성품 자동차를 구입한 뒤, 소비자에

2008년 Bank Austria 올해의 고객상 행사 만찬

게 판매할 때까지 대략 6개월 동안 천문학적인 운영 자금이 묶이면서 고질적인 자금난을 겪는 일이 생겼다. 박 회장은 우크르프롬과 협력할 수 있는 모델을 찾았다. 즉, 영산그룹은 뱅크오브오스트리아로부터 한국에서 수입하는 자동차의 신용장L/C을 개설한 뒤, 수입한 자동차를 소비자에게 판매하는 최소 기간인 6개월 뒤에 우크르프롬에게서 대금을 은행을 통하여 지급받는 자동차 무역금융 사업에 뛰어든 것이다. 이러한 공로로 뱅크오브오스트리아로부터 아시아인 최초로 2008년 고객상을 받았다. 하지만 황금기를 누렸던 자동차 무역금융 사업도 2008년 국제금융위기의 발발로 중단되었다.

> ▶ 데코레이션 시트
> 일반적으로 데코레이션 시트는 장롱이나 싱크대와 같은 가구에 나무 무늬같은 장식을 한 시트를 말한다. 통상 고가인 원목 대신에 재생 나무를 이용하여 목판을 제조한 다음, 나무 무늬나 여러 가지 무늬를 가구에 표현하기 위해 이 시트를 부착한다. 이외에도 내·외장용 건축 자재, 가구, 전자제품 등의 표면 마감재로도 사용된다. PVC 소재가 가장 일반적으로 사용된다. PVC는 투명 가방, 포장지, 사탕이나 과자 용기 등에도 널리 사용하는 재료다.

차량 KD사업 진출… 21개국 시장 개척 돌파구 마련

영산그룹의 20년사를 분류·정리하면 다음과 같다. 1999년부터 2006년까지 태동기, 2007년부터 2013년까지 도약기, 2014년부터 현재까지 확장기 등 3단계로 구분할 수 있다. 영산그룹이 도약할 수 있도록 만든 결정적인 계기는 2007년에 자동차 산업의 한 축으로 부상하던 차량 KD Knock-Down

슬로바키아 질리나의 카르멜 오토 전경

사업이다. KD 사업은 일반인에게는 낯선 분야다. 왜냐하면 완성차로 만들어진 자동차를 부품 단위로 모듈화한 뒤 포장하여 수송해 수입국에서 통관을 받아서 다시 조립 생산하는 방식이기 때문이다. 이 방식은 자동차 산업이 발달하지 못한 국가에서 숙련된 자동차 기술자를 육성하려는 전략에서 비롯되었다. 예컨대 러시아의 KD 사업으로 통관된 반제품 자동차에 대한 관세율은 완성차 관세율(보통 34%)보다 20% 정도 낮은 14%를 적용하고 있다.

영산그룹은 2007년부터 자동차 모듈화 포장과 운송, 통관한 후 수입국에서의 조립·검수·개조 등을 하는 KD 사업에 진출하여 사업을 다각화했다. 그가 KD 사업에 참여하게 된 것은 운이 좋았기도 했지만, 당시에 가지고 있던 모든 것을 쏟아부어야 했던 절체절명의 사업이기도 했다. 만약 잘못되면 쪽박 신세를 면치 못할 수도 있었다.

KD 사업은 세계적인 자동차 제조 업체가 마케팅의 일환으로 구축한 사업 아이템이다. 2007년은 기아자동차가 유럽 자동차시장을 공략하기 위한 교두보로 구축한 슬로바키아 질리나 공장에서 생산한 씨드ceed 차종을 러시아나 우크라이나 등지로 반제품 수출KD 상담을 진행하던 때였다. 당시 수주를 한 독일 업체는 이 사업에 대한 신규 투자를 망설였다. 기아자동차의 입장에서는 사업을 진행할 수 없는 긴박한 상황에 처하게 되었다. 이때 예전부터 알고 지내던 러시아의 한 조립 업체가 박 회장에게 이 프로젝트를 맡아보면 어떻겠느냐고 제안했다. 박 회장은 바로 수락하였다. 그러나 실제 점검해보니 반제품 자동차를 수출할 수 있는 기반이 하나도 없었던 상황에서 무모하게 수주한 아이템이 KD 사업이었다.

▶ KD 산업

자동차를 만들지 못하는 개발도상국 또는 후진국에서는 완성차에 대해서 높은 관세율을 매기는 반면, 차량 부품에 대해서는 낮은 관세율을 적용하는 정책을 통해 자국의 자동차 산업을 육성하려고 한다. 이들 국가들은 완성차 수입을 억제하기 위해 고율의 관세를 매기는 반면, 자국 내의 우수한 자동차 인력을 양성하기 위해 반제품 자동차의 부품 숫자를 수십에서 수백 개의 부품 단위로 모듈화·포장·운송한 뒤 자국에서 조립·검수하는 등 단계적으로 자동차 생산을 지향하는 방식이다. KD 사업은 기아자동차가 1998년 이란 국영자동차 회사인 사이파(SAIPA)에 프라이드 32만 대를 반제품화한 형태로 수출한 것이 효시다.

박 회장은 KD 사업에 진출하면서 4중고에 시달렸다. 첫째, 무역업에 치중했던 영산이 제조업에 진출하기 위해서는 자금이 턱없이 부족했다. 한 번도 은행에서 돈을 빌려 써보지 않았던 박 회장은 공장 건설비용은 물론, 인력 양성 등에 필요한 막대한 운영자금을 마련하느라 밤잠을 설쳤다. 송효숙 여사는 "박 회장이 슬로바키아 질리나 공장을 짓던 40일 동안, 하루도 빠지지 않고 밤마다 끙끙 앓으면서 식은땀을 비오듯 쏟았다."고 회상했다.

둘째, KD 사업의 개념이 일반화되지 않는 상황에서 현지인을 선발하여, 기술 교육을 병행한다는 것은 너무 막막한 일이었다. 왜냐하면 공산주의 체제에 익숙한 근로자를 대상으로 자동차 모듈화 기술을 전수하는 데 너무나 많은 시간이 소요됐기 때문이다. 박 회장은 과감하게 한국 내 KD 사업체에서 퇴직한 직원들을 스카우트했다. 특히 난이도가 높은 지게차 드라이버 및 엔진과 부품 모듈화 경험을 가진 직원 40명을 일시에 뽑아서 슬로바키아 질리나 공장에 투입했다. 숙련공과 현지인들이 손을 맞춰 완성차 입고 → 새시 및 바디 반제품 → 부분 포장 → 바디 포장 → 컨테이너에 상차 및 출하 등의 과정에 필요한 기술을 익히도록 했던 것이다. 이 때문에 예상하지 못했던 추가비용이 상상을 초월할 정도였다. 설상가상으로 한국에서 데려온 40명에 대한 비자 신청이 진행되는 도중에 슬로바키아 경찰들이 불시에 공장에 들이닥쳐 불법 체류자 단속 활동을 벌이는 바람에 20명의 한국인 경력자가 추방되기도 했다. 이 때문에 한동안 자동차 작업 라인이 올 스톱되었던 적도 있다.

셋째, KD 사업을 펼칠 수 있는 공장을 어떤 일이 있어도 40일 안에 건설해야 하는 절체절명의 기로에 놓여 있었다. 정상적으로 자동차 반제품 공장을 건설하려면 최소 6개월, 최대 1년 정도의 공정이 필요하다는 게 전문가들의 견해였다. 그러나 박 회장이 수주한 계약서에는 40일 안에 공장을 준공·가동해야 한다는 내용이 명시되어 있었다. 박 회장은 KD 공장을 짓는 데 필요한 물리적 시간에 쫓기고 있었다. 박 회장은 곧바로 질리나에 있던 베어링 생산 공장(5만4천㎡)을 임차했다. 40일 동안, 방치된 공장 건물을 철거하고 월 2,000대를 작업하는 2개 라인을 신설해야만 했다. 문제는 슬로바키아가 유럽연합에 가입한 탓에, 공장 안에 있던 나무 하나를 베어내더라도 모두 허가를 받아야 할 정도로 EU 규정은 까다로웠다는 것이다. 완성차의 부품을 모듈화하여 분해한 것을 이동하더라도 국내에서는 지게차로 운반할 수 있지만, 슬로바키아에서는 별도의 사륜 운반용으로 옮겨야 했다. 이처럼 안전 조항이 까다로운 EU 규정이 반영되는 상황에서 KD 제조 공장을 40일 안에 짓는다는 것은 애초부터 무리한 결정이었다. 그는 공장을 짓는 직원과 KD 기술을 배우는 현지인들을 격려하기 위해 틈만 나면 비엔나에서 3시간이나 걸리는 질리나까지 직접 차를 몰고 가서 '한국식 회식'을 베풀었다.

넷째, 공장 건설과 KD 사업에 필요한 자재 등을 모두 현금으로 구입해야 했기 때문에 막대한 운영비를 조달하느라 많은 어려움을 겪었다. 질리나의 자재 업체들은 언제 문을 닫을지도 모르는 낯선 기업에 외상으로 자재를 납품했다가 떼일지도 모른다고 생각해서 외상거래를 사절했다. 박 회장은 이러한 온갖 악전고투에도 불구하고 납품 날짜에 맞춰 제품을 생산하도록 독려했다. 박 회장이 공장을 건설하고 현지인 인력을 교육하는 권병석 유럽본부장에게 늘 당부했던 말은 회사의 이윤보다도 자동차 업체와의 약속이 중요하므로 인력을 과감하게 투입해서라도 기필코 기간 내에 준공하라는 것이었다.

박 회장은 '질리나 프로젝트'를 두고 성경에 등장하는 '모세의 기적'과 같다고 회상했다. 영산그룹이 슬로바키아 질리나에 연산 10만 대의 자동차 KD 공장을 준공한 것은 기적이었다. 낮에는 심각한 자금 부족 문제를 해결하기 위해 백방으로 뛰어다녔던 박 회장과, 질리나 공장을 짓는 데 투입된 법인장과 주재원 등 한국인 직원은 물론, 현지인 직원과 협력 업체 직원들이 합심하여 '영산그룹의 질리나 프로젝트'를 기적적으로 완료한 것이다. 그는 곧바로 반조립 자동차를 러시아까지 운송하는 물류 업체인 까르멜 로지스틱을 2007년 9월에 세웠다. 슬로바키아 질리나 까르멜 오토는 2018년에 6만여 대를 생산했는데, 이 중 90%를 러시아에 공급했다. 특히 박 회장은 까르멜 오토의 관리직 7명 중 인사 및 총무 업무 등 3개 보직에 현지인을 발탁·임명했다. 이들 현지인들은 박 회장의 기대에 부응하듯이 맡은 업무를 빈틈없이 수행했기 때문이다. 박 회장과 한국인 직원과 현지인 근로자들이 똘똘 뭉친 '한국인의 정신'으로 도저히 불가능하다고 여겨지는 기아자동차의 씨드와 스포티지 KD 공

세계 도전 20년, 진정성과 열정으로 문화와 인종을 뛰어넘다

카르멜 오토 창립기념일 축구대회에서

까르멜 체코 법인장 김봉재 상무가 회사 소개를 하고 있다

터키 부르사에 위치한 영산티알 공장의 전경

출하 대기 중인 터키 쏠라티 차량

장을 성공리에 건설했던 것이다. 몇 년 뒤 박 회장의 질리나 공장 준공을 눈여겨봤던 현대자동차가 그에게 손을 내밀었다. 투싼을 반제품 자동차로 러시아에 공급하는 KD 사업을 제안한 것이다.

체코 오스트라바시 인근의 노소비체에는 중장비를 생산하던 카타필라의 공장(39,000㎡)이 중국으로 이전된 뒤 버려졌던 부지가 있었다. 박 회장은 이 부지를 인수해서 리모델링한 후 2016년 6월에 까르멜 체코 공장(법인장 김봉재 상무)을 세웠다. 이곳에서 30km 떨어진 현대자동차 체코 공장에서 투싼 제품을 인수한 뒤 수백 가지 아이템으로 모듈화하여 트랙킹과 철도 수송으로 러시아로 수출하고 있다. 이 사업은 현대자동차 러시아 공장에서 생산되지 않는 차종을 SKD 방식으로 러시아와 카자흐스탄 등지에 공급하는 방식이다. 까르멜 체코 공장은 올해 4만여 대의 KD 물량을 생산할 계획이다.

이밖에 KD 사업장은 터키 부르사에 설립된 영산 터키법인(법인장 이갑길 상무)이 있다. 이 법인은 터키 상용차 제조 업체인 카르산에서 현대자동차가 위탁 생산한 16인승 H350(한국명 쏠라티)을 수입하는 나라별로 사양에 맞춰 3천여 대를 반조립 또는 개조하여 아프리카, 중남미, 서남아를 포함한 13개국에 수출하고 있다. 특히 이 법인은 알제리, 모로코, 베트남 등에 사양과 법규에 맞는 옵션으로 개조하고 있다. 또한 이 법인은 터키 정부로부터 4개 종의 자동차 및 버스 제조 인증을 받았다. 이에 따라 쏠라티를 기반으로 특장차로 개조와 포장, A/S 등 튜닝 사업도 벌이고 있다.

말리에 군용차 2,000대 납품··· 아프리카 진출 가속화

박 회장은 서아프리카에 속한 말리를 비롯하여 니제르와 모잠비크, 보츠와나, 코트디부아르 등 7개국 KD 차량 및 일반 완성차 무역에도 박차를 가하고 있다. 이들 국가에는 승용차, 상용차, 특수차량(군용차, 소방차)의 수입 및 대리점을 두고 있다. 이 가운데 가장 활발하게 투자한 국가는 말리였다. 영산그룹이 서아프리카에 속한 말리에 투자할 때만 하더라도 치안이 비교적 안정되어 있는 데다 현지 파트너가 자동차 조립 공장을 세우자고 먼저 제안해왔다. 당시 아마두 투마니 투레 대통령도 영산그룹의 투자에 우호적이었다. 영산은 2011년 2월에 말리 자동차 조립 공장을 착공했다. 그러나 2012년 3월 22일 말리 북부 투아레그 부족과 아자와드 민족해방운동단체 그리고 이슬람 원리주의 집단인 안사르 디네 등이 반란을 일으키면서 영산그룹에도 위기가 찾아왔다. 왜냐하면 정부군이 쿠데타를 일으켜 투레 대통령을 내쫓고 권력을 장악하면서 전임 대통령과 우호적이었던 영산그룹에 대해 견제를 강화했기 때문이다. 영산이 70억 원을 투자하여 자동차 조립 공장을 건설함과 동시에 현지 파트너와의 딜러망을 구축하고 있던 상황에서 내전이 발생했던 것이다. 설상가상으로 과도정부에서 공장을 강제 인수한다는 소문이 떠돌았다. 영산그룹은 준공식 준비를 위해 파견됐던 직원들에게 공장을 폐쇄하고 설비 등의 모든 열쇠를 갖고 말리의 수도인 바마코로 피신하라고 지시를 내렸다. 말리 공안 당국은 2013년 1월 17일에 영산그룹의 현지 법인장을 포함한 23명의 직원을 강제로 구금했다. 죄목은 "국가 비상 사태 때 내려진 국가의 요구에 불응했다."는 것이었다.

▶ 말리 내전

내전의 발발은 오렌지혁명인 아랍의 봄과 연관되어 있다. 2011년 무하마드 카다피 리바아 최고지도자는 동부에서 발생한 반군에 맞서기 위해 사하라 남단 말리와 니제르 등지에서 유목민 투아레그부족 전사를 대상으로 계약금 1만 달러, 일당 1000달러를 준다며 용병을 모았다. 하지만 미국과 프랑스 등의 군사 개입으로 리비아 반군이 카다피를 살해하자, 이들 용병들은 최신 무기를 들고 말리 북동부 키달에 나타나 알카에다 북아프리카 지부와 반정부 이슬람운동단체인 '안사르 디네'와 손을 잡고 2013년에 투아레그 분리 독립을 요구하는 반란을 일으켰다. 이에 말리 정부군이 보급 상황에 불만을 품은 대위가 쿠데타를 일으켰다. 디온쿤타 트라오레 대통령 권한 대행은 비상사태를 선포하였다. 내전이 격화되자, 올란드 프랑스 대통령이 군대를 파병하여 신속하게 진압했다. 그후 국제 여론에 밀려 프랑스 부대는 철수했다. 말리 정부와 투아레그 반군은 2013년 6월 18일 평화 협정을 체결했다. 이후 오늘날에도 간헐적으로 테러 공격이 발생하고 있다.

직원들은 혹시 모를 불상사에 대비하기 위해 2개 호텔에 분산 투숙했었는데, 공안 당국의 감시로 일체 밖으로 나갈 수 없었다. 박 회장은 직원들이 감금당했다는 소식을 듣자마자, 이들의 무사 귀환을 위해 백방으로 수소문하여 문제 해결에 앞장섰다. 그 결과, 프랑스대사를 지낸 오스트리아 출신 외교관을 찾아내서 말리 정부에 엄중히 항의해줄 것을 부탁했다. 한국 정부도 적극적으로 나서는 등 외교적으로 압박을 가했다. 이러한 외교적인 압박은 먹혀들었다. 말리 과도정부는 영산 직원들이 해외로 나갈 수 있도록 허용했다. 말리 과도정부는 영산의 자동차 조립 공장의 가동을 승인해주었을 뿐만 아니라 사막전에서 기동성이 뛰어난 한국 군용차를 영산이 조립·납품할 수 있도록 발주했다. 말리 사태는 반전이 되어 전화위복이 됐던 것이다. 이 과정에서 현지 파트너의 공로가 컸으나, 그 이면에는 박 회장의 사람 됨됨이를 엿볼 수 있는 에피소드가 있다.

박 회장은 말리 파트너의 아내가 암에 걸렸을 때 불문곡직하고 한국으로 데려와 서울아산병원에 입원시켰다. 특히 직원 1명을 배속해 1년 동안 헌신적으로 간병했다. 인간적 감동을 받은 말리 파트너가 한국 군용차를 납품할 수 있도록 영향력을 행사해줬다. 영산그룹은 2015년에 말리 정부로부터 6천만 달러 규모의 군용 트럭 500대 수주를 시작으로 이후 2천여 대를 납품했다.

영산그룹은 2018년부터 알제리의 현대자동차 판매사인 시마CIMA 모터의 SKD 공장 건설 사업을 수주했다. 김상렬 전무를 비롯한 15명의 한국인 기술자를 파견하여 기술 지원 및 설비 공급은 물론, 공장을 수탁운영하게 되었다. 이외에도 알제리 CKD 공장에 대한 총괄 엔지니어링과 설비 공급을 턴키베이스로 수주했다. 이와 함께 인도에서도 SKD 공장(오재선 법인장)을 신설하여 서남아 시장과 아프리카 시장을 공략하고 있다.

한국에는 전주와 김해에 각각 화물차 및 승용차 반제품 생산 및 개조 공장을 운영하고 있다. 2009년 6월 1일에 (주)피닉스오토 모티브스 법인을 영산 글로넷(이인철 법인장)으로 변경한 영산그룹은 서울을 기점으로 전주(박종업 공장장)에 화물차 및 군용차 모듈화·포장·개조 공장을, 김해(여영진 공장장)에 승용차 반제품 생산 공장을 두고 있다. 전주 공장은 연간 7천대의 화물차 및 군용차 물량을 처리하는 능력을 갖고 있으며, 최근에 전주산업단지 내의 부지 8천 평을 매입, 제2 공장의 설립을 추진하고 있다.

말리 임시정부 대통령 디온쿤다 트라오레

니제리 현직 대통령 마하마두 이수푸

모잠비크 현직 대통령 아르만도 게부자

알제리 자동차업계의 바이어들과 함께

김해 공장. 알제리로 수출되는 차량들

슬로바키아 · 터키에 자동차 부품공장 설립

박 회장은 최근에 자동차 부품을 생산하는 제조 회사를 잇달아 설립했다. 터키 이즈미트시에 중소 자동차 부품을 생산하는 프레스 공장을, 슬로바키아 크라스노에 플라스틱 사출물 회사를, 러시아 칼리닌그라드에 자동차 시트, 범퍼, 머플러 및 와이어하네스 공장 등을 각각 두고 해당 자동차 부품을 생산·판매하고 있다.

2013년 영산이 터키 시장으로 진출하게 된 배경은 특이하다. 2012년 슬로바키아 질리나 지상사협의회의 총무를 맡고 있던 영산의 직원이 현대자동차가 터키에 공장 증설을 한다는 정보를 입수하고는 엔지니어 1명을 데리고 무작정 터키로 떠났다. 이들은 승용차에 이불과 밥솥을 싣고 다니면서 파렛트pallet 견적서를 제출한 후 계약을 맺고 공장을 임차해서 생산·공급하였다. 최근에는 미래를 대비한 투자와 폭넓은 사업 전개를 위하여 9,026㎡ 공장을 매입하여 자체적으로 생산할 수 있는 여건을 갖추게 되었다. 이와 함께 2014년에 이즈미트 11,010㎡ 부지에 350여 종의 자동차 바디 부품을 생산하는 프레스 및 용접 설비를 갖춘 법인(게페스트 티알, 정재운 법인장)을 세웠다. 이 법인은 현대자동차 1차 벤더인 호원에 납품하고 있다. 이 공장은 자동 프레스 및 자동 용접기 35대를 설치하면서 품질 및 원가 측면에서 경쟁력을 갖춰 공급 업체를 늘려가고 있다.

또 다른 사례는 슬로바키아 크라스노에 건설한 엘리아스텍(31,531㎡)이다. 박 회장은 현대, 기아자동차와의 플라스틱 사출물 사업을 위하여 2015년 부지 구매에서부터 공장 건설까지 직접 현장에서 진두지휘하며 일사천리로 진행하였고, 현재 340개 플라스틱 사출물 아이템을 만들어

터키 이즈밋의 프레스 및 웰딩 공장 모습

납품하고 있다. 이 회사의 매출액은 2015년 1백66만 유로에서 2018년에 2천만 유로로 급신장했다. 이처럼 박 회장은 기존의 영업 실적에 만족하지 않고 대대적인 투자를 통하여 끊임없이 새로운 기회를 모색하고 있다.

영산그룹은 최근에 플랜트 사업에도 진출했다. 2018년 9월 21일에 파키스탄의 센추리 엔지니어링 주식회사와 타이어 공장 설비 공급에 대한 계약을 체결했다. 이 프로젝트는 파키스탄 카라치 인근의 23만 평 부지에 승용차용 타이어를 연간 1백만 본 제조하는 공장을 금호타이어와 함께 컨소시엄 형태로 2021년까지 건설하는 것이다. 특히 공장 증설 계획을 추진하고 있기 때문에 2027년까지 이 프로젝트를 추진할 수 있게 됐다.

헝가리에서는 연간 생산량 7.5GWh 규모의 SK이노베이션 배터리 공장 건설에 필요한 유틸리티 시공 사업이 한창이다. 공장 전체에 대한

전기 인입 및 전력 공급 등 중요한 제반 환경을 제공하면서 시공 주관사의 호평 속에서 큰 성과를 거두고 있다. 이 배터리 공장은 향후 생산의 증대와 확장을 계획하고 있어 앞으로 새로운 사업거리가 많을 것으로 기대되고 있다.

산업폐기물 처리 친환경 프로젝트는, 유럽연합 가입을 목표로 EU 스탠더드를 맞추기 위해 노력 중인 세르비아 정부와 적극적으로 협력하고 있는 사업이다. 2019년 3월 8일 세르비아 현지의 자회사인 엘리아스에코(대표 박건영)는 세르비아 포자레바츠시와 산업 및 의료폐기물 처리시설 구축을 위한 투자 협력 양해각서를 체결했다. 세르비아 전역에 걸쳐 무방비로 방치된 폐기물과 불법 매립된 산업 쓰레기를 처리하기 위해 영산은 최근 3.5헥타르의 부지를 구매하였고, 2019년 상반기에 공장을 완공하였다. 이에 따라 하반기부터 1백만 톤 처리 규모의 소각 사업을 시작할 예정이다. 생태계의 선순환에 기여함과 동시에 미래의 먹거리를 준비하기 위한 친환경 사업을 본격적으로 시작한 것이다.

박 회장은 에너지 사업에도 적극적으로 뛰어들고 있다. 영산그룹은 2019년 3월 20일 서울 강남구 리베라호텔에서 한국남동발전(대표 유향열)과 글로벌 에너지 사업 개발 및 상생 발전을 위한 상호협력 양해각서를 체결했다. 목적은 아프리카와 중앙아시아 등지에서 친환경 태양광 발전 사업 진출을 모색하기 위함이었다. 양 사는 양해각서 체결을 통해 해외 전력 사업의 시장 조사와 개발의 병행을 추진하여 신재생에너지 및 발전 사업 분야의 기술, 국가 정책 등의 정보, 해외 사업 운영 및 프로젝트 파이낸싱에 대한 노하우를 공유하기로 했다. 3월 21일에는 말레이시아 쿠알라룸푸르에서 'PKT로지스틱 그룹'과 말레이시아와 인도에서 차량

슬로바키아 차차의 엘리아스텍 플라스틱 사출물 생산 공장

분해 및 포장, 운송 사업을 공동으로 진행하는 조인트 벤처를 설립하기 위해 MOU를 체결하였다. 박 회장은 지난 6월 15일 광주에 2020년부터 2023년까지 250억원을 투자해 자동차 첨단부품 제도 공장을 건립하기로 광주광역시와 MOU를 체결하였다.

이처럼 무역으로 시작했던 박 회장은 자동차 반제품 생산 및 조립 공장과 자동차 부품 공장에 이어 플랜트 분야로 사업을 확장했으며, 전 세계에 11개의 공장을 세웠다. 영산이 무역업으로 시작하여 빠르게 제조업으로 진출하고 전 세계적으로 확장할 수 있었던 것은 언제든지 진출할 업종에 대한 준비를 해놓은 뒤 기회가 되면 즉시 투자했던 방식이 주효했기 때문이다. 특히 YSKD법인은 신제품 범퍼 사출 사업에서 안정된 생산 역량과 품질 역량을 제시함에 따라, 고객사와 협력사들이 영산그룹에 자동차 부품 물류 사업과 모듈 사업, 플라스틱 사출 및 블로우몰딩 사업 등에 진출해줄 것을 제안하고 있다. 이에 따라 영산그룹의 사업 규모와 영역이 더욱 커질 것으로 전망된다.

창립 20주년을 맞이한 영산그룹은 글로벌 비즈니스그룹으로 도약하기 위해 '5개년 사업 계획'을 수립하고 있다. 뚜렷한 목표의식과 원대한 비전을 담은 '영산그룹 VISION 2024'를 마련하고 있다. 박 회장은 계열사 법인장들에게 불확실한 경영환경 변화에 대비하기 위해 '시나리오 경영'을 체질화할 것을 주문하고 있다. 즉, 경영환경 변화에 능동적으로 대처하기 위해 시나리오별로 선제적 대응 방안을 수립할 것을 지시하고 있다. 특히 신흥국 등은 정치와 경제의 변동성이 매우 크기 때문에 시나리오 경영의 필요성을 각별히 강조하고 있다. 영산그룹의 지속적인 성장을 위해서는 신규 사업을 적극 개발해야 하기에 사전에 투자의 장·단

이용섭 광주광역시장과 박 회장이 오스트리아 영산그룹 본사에서 가진
자동차 부품공장 투자협약식(지난 6월 14일)

영산그룹의 김해 공장

점과 사업성, 예산 시나리오를 꼼꼼히 검토할 것을 주문하고 있다. 특히 박 회장은 적기에 의사결정을 할 수 있도록 철저한 사전 준비를 강조하고 있다. 이러한 도전 및 개척 정신으로 박 회장은 창업 20년 만에 21개국 36개 계열사를 거느리는 글로벌 그룹으로 도약시켰던 것이다. 이렇게 성공할 수 있었던 것은 도전과 개척 정신, 신뢰를 중시한 한국의 정신력을 유감없이 발휘했기 때문이다.

지정경학적 관점에서 미래 투자 올인

맹자는 "하늘이 주는 좋은 때는 지리의 이로움만 못하고 지리의 이로움은 인화를 당해낼 수 없다天時不如地理 地理不如人和."고 했다. 즉, 하늘의 때보다 지리의 힘이 중요함을 일깨우고 있다. 맹자가 말한 바로 그 '지리'가 오늘날 지정경학적地政經學的인 시각에서 설명될 수 있다. 박 회장의 글로벌 경영의 키워드는 지정경학적 관점에서 미래에 투자한다고 응축할 수 있다. 왜냐하면 그의 제조업 투자는 오스트리아의 비엔나를 중심으로 동유럽과 러시아, 중앙아시아 그리고 중동, 아프리카, 인도, 서남아 지역으로 확대되고 있지만, 비행기로 3시간 이내면 이들 지역 어디에도 갈 수 있기 때문이다. 이는 비엔나에 정착했던 점이 지정학적으로 유리한 위치를 선점한 것이다.

첫째, KD 사업장은 기아자동차 슬로바키아와 현대자동차 체코 공장의 주변에 포진되어 있다. 까르멜 오토 법인을 주축으로 기아의 씨드와 스포티지, 현대의 투산을 반제품으로 생산하여 러시아 지역으로의 수출에 일조하고 있다. 이들 공장은 러시아와 카자흐스탄, 아프리카와

칼리닌그라드 위치

칼리닌그라드의 영산KLD 공장

중남미 등지를 겨냥하고 있다.

둘째, 영산이 주목한 지정경학적 미래 투자 지역은 발트해 연안에 위치한 칼리닌그라드 주다. 칼리닌그라드는 러시아의 땅이지만, 러시아와는 멀리 떨어져 있으며, 폴란드와 리투아니아에 둘러싸여 있는 러시아 역외 영토다. 이 지역은 독일 철학자인 칸트(1724~1804)가 출생하고 사망한 곳으로 2차 세계대전 발발 이전에는 독일 영토였으나 러시아군에 의해 점령된 뒤 러시아 영토가 됐다. 러시아는 2005년 11월 28일 칼리닌그라드를 경제특구로 지정하여 외제차 수급용 자동차 조립 공장으로 집중 개발하고 있다.

박 회장은 영산그룹의 역량을 칼리닌그라드에 집중하고 있다. 그가 이곳에 집중 투자하는 것은 무엇보다도 이곳이 현지 생산 외제차 수급용 자동차 부품과 자동차 조립 설비 수입에 대한 무관세제도를 적용하고 있기 때문이다. 러시아 정부는 노후한 중고 차량의 수입을 방지하기 위해 중고 완성 차량에 대한 고율의 관세제도를 유지하고 있다. 이에 따라 영산칼리닌그라드 법인을 세워서 차량 시트와 범퍼, 머플러, 배터리, 전후면 유리, 와이어링 하네스 등의 차량 부품을 조립하여 공급하고 있다. 앞으로는 헤드라이닝, 매트, 연료탱크 등 11개의 자동차 부품을 제조·납품할 예정이다.

올해는 7백만 유로를 투입해 플라스틱 사출 공장을 건설 중이다. 이 공장에는 칼리닌그라드 최초로 3천t급 사출기를 설치하여 주정부로부터 큰 관심을 받고 있다. 이처럼 칼리닌그라드에 자동차 부품 생산에 적극적으로 나선 이유는 소련 붕괴 후 러시아인들이 자국산 신형 자동차보다 외제차를 선호하는 경향을 보이고 있기 때문이다.

현재 영산KLD에서 생산되는 제품들

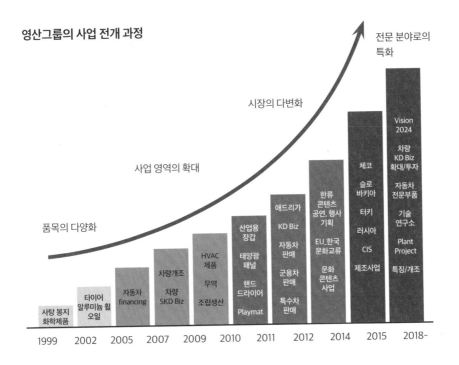

영산그룹의 사업 전개 과정

전문 분야로의
특화

시장의 다변화

사업 영역의 확대

품목의 다양화

1999	2002	2005	2007	2009	2010	2011	2012	2014	2015	2018-
사탕 봉지 화학제품	타이어 알루미늄 휠 오일	자동차 financing	차량개조 차량 SKD Biz	HVAC 제품 무역 조립생산	산업용 장갑 태양광 패널 핸드 드라이어 Playmat	애드리가 KD Biz 자동차 판매 군용차 판매 특수차 판매	한류 콘텐츠 공연,행사 기획 EU_한국 문화교류 문화 콘텐츠 사업	체코 슬로 바키아 터키 러시아 CIS 제조사업	Vision 2024 차량 KD Biz 확대/투자 자동차 전문부품 기술 연구소 Plant Project 특징/개조

셋째, 박 회장이 주목한 미래 투자 지역은 아프리카 중에서도 서아프리카와 남동아프리카다. 서아프리카는 베냉, 부르키나파소, 코트디부아르, 말리, 니제르, 세네갈, 토고 등 15개국으로 구성된 서아프리카경제및통화연합UEMOA과 같이 단일통화 경제권으로 형성되어 있다. 박 회장이 니제르 명예영사를 맡은 것도 서아프리카 국가들이 비록 가난하지만 향후 자유롭게 입국할 수 있는 무비자 국가로 묶일 것이기 때문에 선점하는 효과를 기대하고 있다. 남동아프리카 지역인 남아프리카공화국, 모잠비크, 보츠와나, 탄자니아 등지에서는 군용차 납품을 비롯하여 상용 자동차 조립 공장, FRP 플라스틱 전신주 공급, 남동발전과의 태양광

발전 사업 등을 모색하고 있다. 나이지리아와 탄자니아에서는 현지 파트너와의 적극적인 협력을 통하여 차량 조립 및 기술 지원 사업이 급속도로 진행 중이다. 이처럼 박 회장이 지정경학적 관점에서 미래 투자를 한 것은 오스트리아 비엔나가 중부 유럽에 위치하여 아프리카, 러시아, CIS 지역 등으로의 접근성과 사업 확장성이 좋기 때문이다.

문화예술에 경영을 접목시키다

박 회장의 글로벌 경영에는 문화예술을 경영에 접목시키는 전략도 포함되어 있다. 클래식음악의 고향인 비엔나에서 고품격 유럽의 문화와 한류문화를 교류시킬 필요성을 느껴서 만든 법인이 문화예술기획사 WCNWorld Culture Network이다. 기획사 설립에는 대표를 맡고 있는 아내 송효숙 씨의 역할이 컸다. 그녀는 20년 넘게 오스트리아에 살면서 유명한 문화예술인과 가깝게 지내고 있었는데, 이들을 네트워킹할 필요성이 있다는 아이디어를 박 회장에게 제시했다. 박 회장은 2011년 WCN을 설립하여 문화예술에 경영을 접목하는 공헌 사업을 시작했다. 이 기획사의 설립 목적은 유럽에 사는 한인 동포들의 위상을 높이고 한국문화예술의 품격을 높이며 한국과 유럽을 잇는 문화예술 네트워크를 구축하는 것이다. 즉, 이해관계자의 책임과 법적·윤리적 책임, 경제적 책임, 환경적 책임, 사회적 책임을 지는 차원에서 음악과 예술을 통해 친선을 도모하고 문화 교류 및 가교의 역할을 수행하겠다는 것이다. WCN은 2009년부터 매년 유럽 10개국과 친선음악회를 개최하고 있다. 2016년부터 한국에서 잘츠부르크 페스티벌 설명회를 개최하였고, 2017년부터는 한국 가수들을 선발하여 베를린 오페라하

2012 한-슬로바키아 친선음악회

K-classic 페스티발

우스의 무대에 서도록 하고 있다. 이와 함께 세계적인 클래식 음악가를 초청, 각종 클래식 음악회를 개최하는 한편, 한국의 전통문화를 유럽 무대에 알리는 공연을 30여 차례 개최했다. 비엔나에서 〈난타〉 공연과 태권도 퍼포먼스 〈탈〉 공연, 그리고 점프, K-팝 댄스 공연 등 비언어적non-verval 공연과 Absolute Korea와 같은 한국영화 음악 상영회 등을 개최했다.

앞서 언급하였듯이 WCN은 오스트리아를 비롯하여 슬로바키아, 우크라이나, 불가리아, 체코, 루마니아, 핀란드, 터키, 러시아 등 12개국에서 문화예술을 통해 국가 간의 우정을 다지는 친선음악회를 개최하고 있다. 이때에 한국민요와 메들리, 가곡 등 한국문화를 알리는 프로그램을 반영하는 방식으로 예술 공연 및 국제 행사를 진행해왔다. 특히 2012년에는 한국과 오스트리아의 수교 120주년을 축하하기 위해 세계적인 소프라노인 조수미와 지휘자 금난새 등이 참여하는 한국·오스트리아 연주회가 비엔나에서 개최될 수 있도록 기획·후원하였다.

이와 함께 WCN은 유럽 정상급 오케스트라들과 한국 음악가들이 한 무대에서 교류할 수 있는 기회를 마련해주고 있을 뿐만 아니라 실력이 있는 젊은 음악가를 발굴하는 데 주력하고 있다. 2017년부터 이탈리아 부조니 페스티벌과 함께 한국인 피아니스트 페스티벌을 열어오고 있는데 여기에는 백건우, 손열음 등 5명이 출연하여 이탈리아에 한국인의 위상을 보여주었다. 대표적인 젊은 음악가 발굴 사업은 빈 국립음대의 오토 에델만 콩쿠르에 WCN상을 제정하여 매년 후원하는 것이다. 이와 더불어 WCN과 빈 국립 음대가 공동으로 진행 중인 비엔나 국제가곡콩쿠르 '국제 헬무트 도이치 리트 콩쿠르'를 개최·후원하고 있다. 이 콩쿠르는 세계적인 피아노 연주자이며 평생 리트(Das Lied, 19세기에 태동한 서양 고

전음악으로 시와 음악이 결합한 독일 가곡)의 발전에 기여해 온 헬무트 도이치 교수의 이름을 붙였으며, 비엔나 및 오스트리아 리트 가곡의 폭넓은 보급·발전에 기여하는 젊은 음악가를 선발하는 데 목적이 있다. 2018년 9월 쇤부른궁에서 개최된 이 콩쿠르에 전 세계 16개국 43명의 지원자들이 도전한 결과, 리트 및 피아노 부문의 수상자 6명은 많은 상금을 받았다. 2019년 11월에는 오스트리아 빈 필하모닉 오케스트라를 단독으로 유치하여 한국에서 공연이 진행될 예정이다.

소외된 이웃과 난민들을 위한 자선음악회 개최

2009년부터 지금까지 매월 진행하는 '찾아가는 음악회'는 WCN이 비엔나로 유학을 온 음악 전공 유학생들과 함께 오스트리아의 고아원과 양로원을 방문, 재능을 기부하는 프로그램이다. 음악을 배우기 위해 비엔나로 유학 온 학생들만 해도 700명에 이를 정도로 많다. 이들 유학생들로 하여금 소외된 이웃과 오스트리아 현지인들에게 음악을 들려주는 무대에 설 수 있도록 기회를 제공하고 있다. 이밖에 매년 난민돕기 자선음악회를 개최하여 모금 활동을 하고 이를 오스트리아 최대 자선단체인 Karitas & Du에 기부하고 있다. 이와 더불어 2018년부터 물 부족으로 어려움을 겪고 있는 아프리카 5개국에 '평화의 샘물' 개수로 설치 사업을 후원하고 있다. 특히 2019년 4월 1일부터 모잠비크 마푸토 2곳에 '평화의 샘물'과 '희망의 샘물' 등 2개의 어린이 식수공급 개수식 행사를 가졌다. 이러한 사회공헌 활동은 지난해 8월 말라위를 비롯하여 탄자니아, 짐바브웨, 잠비아, 남아공 등으로 확대되고 있다. 이와 같은 WCN의 맹활약은 유럽에서 한국전통문화와

———— 세계 도전 20년, 진정성과 열정으로 문화와 인종을 뛰어넘다

클래식 공연 등이 인정받는 계기가 되고 있다.

그러나 WCN의 운영에는 막대한 비용이 소요된다. 아직도 적자를 면치 못하는 WCN의 운영비는 박 회장이 고스란히 부담하고 있다. 박 회장은 기업 경영의 으뜸 목적은 이윤 추구이지만, 돈을 벌 때도 열심히 벌어야 하고 돈을 쓸 때도 멋지게 써야만 생명력이 오래 갈 수 있다는 믿음을 갖고 있다.

오스트리아 한인문화회관 건립기금 마련

사업에만 집중했던 박 회장은 2006년부터 유럽 한인의 정체성 함양을 위해 각종 체육대회와 행사를 후원했다. 특히 한인연합회 가곡의 밤과 신년음악회, 여성합창단 등의 행사에 꾸준히 기부하였다. 예컨대 2019년 현재 13회째를 맞이한 오스트리아 영산배 테니스대회를 비롯하여, 골프, 탁구, 축구, 농구 등 10년 이상 후원한 한인 체육회 모임들은 그 대표적인 예다.

회사 경영이 어느 정도 자리를 잡아가던 2011년에는 오스트리아한인연합회의 회장으로 선출되었다. 이때 가장 중점적으로 추진한 프로젝트가 한인문화회관의 설립이었다. 2008년 6월부터 오스트리아에 거주하는 한인 동포들이 자발적으로 참여한 한인문화회관 설립추진위원회 (위원장 전미자)와 오스트리아한인회(회장 박종범)가 협력하여 한인문화회관의 건립에 착수하였다.

한인문화회관을 설립한 목적은 오스트리아 한인사회 구심점 및 교류의 장으로, 동포 자녀와 유학생 및 오스트리아 인들의 한국문화 체험의 장으로, 중부 유럽인들의 대한국문화 교류 창구와 한국-오스트리아 양국 간의 문화 교류 및 민간 외교의 장으로 활용하기 위함이었다.

이들 단체는 '한인문화회관'이 들어설 부지를 물색하던 중 생태공원으로 유명한 도나우파크 내의 한 건물을 찾아냈다. 이 건물이 1964년 비엔나 세계정원박람회조직위원회가 사용하였고, 이후 용도가 레스토랑으로 변경되었다가 다시 시간이 지나서는 그냥 방치되었다는 사실을 알게 되었다. 박종범 회장은 오스트리아 정부와 대한민국 정부의 협조를 얻어 1년에 1유로씩을 내고 비엔나시 정부로부터 50년간 장기 임차를 했다.

도나우파크 내의 UN 사무소 뒤편에 위치한 한인문화회관의 건축비용은 220만 유로(한화 30억)였다. 건축사 승효상 씨가 리모델링과 관련하여 재능 기부로 설계해주었지만, 한인문화회관의 건축비용의 대부분은 박 회장의 몫이었다. 그는 막대한 건립기금을 내었을 뿐만 아니라 오스트리아 한인 동포 1,500명이 자발적으로 참여할 수 있도록 갖가지 아이디어를 낸 뒤, 곧바로 실천에 옮겼다. 그는 영산그룹의 직원 및 협력 업체, 친인척, 동창생 등은 물론 국내의 142명까지 찾아다니면서 기금 모금에 적극적으로 나섰고 기금을 대신 내주기도 했다. 이처럼 박 회장의 열정이 있었기에 번듯한 오스트리아 한인문화회관이 세워질 수 있었다.

한인문화회관은 도나우공원에서도 주변 경관이 가장 뛰어난 곳에 위치해 있다. 오스트리아 정부는 회관 앞길을 이승만 초대 대통령과 결혼해 한국 최초의 영부인이 된 프란체스카 여사의 이름을 따서 '프란체스카 도너리 길Franziska Donner Rhee Weg'로 명명했다. 2012년 5월에 정식 개관한 한인문화회관에는 영산홀과 비엔나 한글학교 교실이 마련되어 있으며, 학생 200명이 사용하고 있다. 지난 5월 24일 한인문화회관 관장에

2012년 5월 개관한 오스트리아 한인문화회관

송효숙 대표가 취임했다.

한편 오스트리아 연방정부는 2013년에 박 회장에게 '금성문화훈장'을, 대한민국 정부는 박 회장에게 '국민훈장 모란장'을 각각 수여했는데 이는 오스트리아 한인문화회관을 적극적으로 후원한 것을 높이 평가한 것이다. 2014년 5월 16일에는 오스트리아 합스부르크 황실 '평화증진협회'가 박 회장에게 '평화의 불꽃상Flame of Peace'을 수여했다. 같은 해 광주 MBC는 '광주전남 희망인물 100인'에 선정했으며, 2015년에는 조선대학교 총동문회에서 '자랑스런 조선대인상'을 수여했다.

▶ **오스트리아 합스부르크 황실 '평화증진협회'**
기업인 박 회장에게 '평화의 불꽃상'을 수여한 오스트리아 합스부르크 황실 '평화증진협회'는 1차 세계대전이 종료되기 전까지 신성로마제국의 황제와 헝가리, 체코 등 10개국이 속한 제국(약 650년간 존속)을 건설한 합스부르크 왕가의 옛 영화를 기리기 위해 세운 단체다.
평화증진협회는 정치와 종교, 영리 사업 등을 초월하여 세계 평화 증진만을 도모하는 협회로서, 세계 평화를 위하여 아이디어와 정보를 교환하고 네트워크를 만들고 있는 사람들에게 '평화의 불꽃상'을 수여하고 있다. 평화증진협회 공동 창립자겸 회장인 '헤르타 마르가레테 합스부르크-로트링겐 여사는 박종범 회장이 사업가이면서 한인 동포사회 지도자로서 한-오 양국 간의 협력 및 우호 증진은 물론, 세계 평화 증진에 기여한 공로가 많다는 점을 감안하여 평화 불꽃상을 수여하게 됐다고 밝혔다.

둘로 나눠진 유럽 한인사회를 통합하는 데 앞장을 서다

박 회장은 2010년부터 2015년까지 오스트리아한인연합회의 회장(연임) 직과 13·14대 유럽한인총연합회장 직을 동시에 맡았다. 당시 유럽한인연합

———— 세계 도전 20년, 진정성과 열정으로 문화와 인종을 뛰어넘다

회는 둘로 나눠져 대립과 갈등을 하고 있었다. 박 회장은 2011년 6월 세계한인회장대회 당시 양측의 대표자들을 설득하여 양분된 유럽한인연합회를 하나로 만들었고 2011년 11월 유럽총연합회 회장으로 취임하여 통합의 리더십을 보여주었다. 한인단체장을 맡으면서 중점적으로 추진했던사업은 유럽 한인사회를 통합하고 한국인의 자긍심을 후손에게 전달하는데 주력했다.

첫째, 유럽의 한인 차세대들에게 한국인의 정신을 심어주기 위해 한국어 웅변대회와 글짓기대회를 개최했다. 이 행사들은 한국인으로서의정체성을 확립하기 위하여 2010년부터 오스트리아 차세대를 대상으로실시한 프로젝트였다. 그는 유럽한인연합회 회장으로 재임하면서 오스트리아(2011), 체코(2012), 폴란드(2013), 불가리아(2015), 그리스(2016), 루마니아(2017), 폴란드(2018), 스페인(2019) 등에서 한국어 웅변대회 및 글짓기대회를 개최했다. 그는 유럽 차세대 후손들이 모국어를 잊어버리면한국인의 정신을 실천할 수 없다고 봤다. 이 대회에는 청소년 150명과학부모 100명(유럽 27개국 35개 한인회)이 참가했다. 이 대회에 참가한 유럽한인의 기성 세대들은 자녀들이 한국말로 웅변하는 것을 보고 자긍심을느껴 감격의 눈물을 흘렸다고 한다. 이처럼 1박 2일의 행사 기간에 소요되는 행사비의 상당 부분을 박 회장이 해결했다.

둘째, 박 회장은 2012년부터 2014년까지 유럽 한인 청소년들이 한국을 '영원한 조국'으로 인식하고, 정체성을 함양할 수 있도록 하기 위해 10박 11일 동안 전국을 순례하는 국토대장정을 실시했다.

셋째, 2012년 9월에 한-오 수교 1백주년 및 오스트리아 한인들의 이주 50주년을 맞이하여 《오스트리아 속의 한국인》(리더스가이드)을 한글과 독일어로 출간하였다. 더 나아가 한식의 세계화를 위해 24가지 조리법을 담은 한식 요리책인 《한식Koreanische Küche/Metatran Verlag》을 한국어와 독일어를 병기해 각각 출판했다. 특히 《한식》은 유럽 여타 지역에서도 주문이 쇄도해, 러시아·스페인·체코·슬로바키아·루마니아·프랑스·이탈리아·불가리아 등 13개국 8개 언어로 번역·배포되었다. 이러한 일은 대한민국의 정부가 나서서 해야 할 일이었지만, 박 회장은 한민족의 위대함을 전파하는 일에 적극적으로 나서고 있다. 이밖에 오스트리아한인회는 계간지인 〈한인회지〉를 발간하였다.

넷째, 유럽에서 활동한 한국의 위인과 한국에서 활동한 유럽의 주요한 인물을 발굴하여 널리 알리고 이를 재조명하는 뜻깊은 사회 사업을 추진하고 있다. 특히 그는 1960년대 초반, 천형의 섬이라 불린 소록도에서 40년이 넘도록 한센인을 위하여 무보수로 간호 및 재활 치료, 보육 및 환경 개선 등의 봉사를 실천한 마리안느와 마가렛(오스트리아 태생) 두 분의 간호사에 대한 생애와 활동에 주목했다. 그들의 노벨평화상 수상을 돕기 위하여 추진위원회가 설립되었고, 박 회장은 추천위원으로서 두 분의 일대기를 독일어로 번역하여 오스트리아 및 이탈리아 등 유럽 각지에 전파하였다.

또한 3.1운동 100주년을 기념하고 독립운동의 참뜻을 기리기 위하여 《파리의 독립운동가 서영해》(정상천 저) 한국어판 출판기념회를 6월 7일 비엔나에 있는 한인문화회관 영산홀에서 개최하였다. 독일어와 프랑스어로도 번역하고 오는 10월 비엔나와 파리에서도 출판기념회를 개최할 예정이다. 소위 유럽의 이승만으로 평가되는 서영해 선생은 폭넓은 외교 및 활발한 저술 활동으로 한국의 독립에 대한 국제사회의 지지 여

유럽 한인 차세대 한국어 웅변대회

오스트리아 속
한국인(동포 50년사)

오스트리아
한인회지(계간)

한식 책자(13개국 8개 언어)

소록도의 천사 마리엔느와 마가렛

《파리의 독립운동가 서영해》출판기념회

론을 이끌어내는 데 크게 공헌한 인물이다.

이외에 유럽한인회총연합회의 차원에서 한국문화축제와 한인 차세대 체육대회, K-pop 경연대회 등 각종 문화·체육 행사도 적극적으로 개최했다. 또한 고향인 광주 지역의 대학생들에게 인턴 기회를 제공해 일찍부터 국제무대에서 현장 경험을 쌓을 수 있도록 배려하고 있다.

또한 박 회장은 2018년 2월 평창동계올림픽에 출전하는 오스트리아 국가 대표 선수들을 응원하기 위하여 오스트리아 한인동포응원단을 조직한 후 2달 동안 평창에 파견하였다. 특히 평창동계올림픽과 패럴림픽 기간 내내 총 3,000여 명이 40개 알파인 종목에서 오스트리아를 응원했으며, 오스트리아 국영 방송인 ORF에서 이 모습을 대대적으로 방영할 만큼 큰 주목을 받았다. 아울러 100여 명의 우크라이나 국가 대표 선수를 위한 특별 만찬 행사를 포함하여 한-오 VIP 300명이 참여한 오스트리아 갈라디너 콘서트를 개최하였다. 이와 더불어 평창 동계패럴림픽에서는 오스트리아 및 스위스, 독일 선수 등을 비롯한 국내외 귀빈 500명을 초청해 환영 만찬 행사를 가졌다. 그는 사업의 기반이 되고 있는 오스트리아와 우크라이나의 국가 대표 및 귀빈들을 초청, 환영 만찬을 베푸는 것이 기업가로서 당연히 해야 할 책무로 받아들이고 있다.

박 회장은 세계경영 및 유럽한인사회의 발전에 크게 기여해오고 있다. 세계한인회장대회 공동의장(2013)과 세계한상대회 대회장(2014)을 맡고 있다. 현재는 한상 리딩CEO(2013~), 니제르 명예영사(2016~), 민주평화통일자문회의 유럽·중동·아프리카 지역 부의장(2016~) 등을 맡고 있다. 그는 2월 18일부터 21일까지 러시아 사할린에서 유럽 평통 지도자 100명과 더불어 사할린 한인동포 500여 명을 초청하여 3.1운동 100주

2018 평창동계올림픽 오스트리아팀 응원단 모습

년 기념 평화통일 페스티벌을 개최하였다. 이와 동일한 행사를 한인 동포 200여 명을 초청하여 3월 2일 오스트리아 한인문화회관에서 개최하였다. 이 행사에는 유럽의 독립운동가 서영해 선생의 후손인 수지와 스테파니, 재미 독립운동가 김형순 선생 및 김덕세 여사의 후손인 김운하 장로 내외를 초청해서 3.1운동 100주년 기념 행사를 더욱 뜻깊게 만들었다. 기업인 박 회장이 독립유공자의 후손들을 챙기는 이유는 대한민국의 숭고한 독립 정신은 지속적으로 계승되어야 하고, 한국인의 자긍심이 후손들에게도 면면이 이어져야 한다는 확고한 신념 때문이다.

리스크가 없다면 얻는 것도 없다

박 회장은 도전과 불굴의 정신으로 위기를 기회로 바꾸는 '성공의 마술사'와 같은 삶을 살고 있다. 우선 1998년 IMF 외환위기로 기아그룹이 부도 났을 때 과감하게 창업을 한 결과 성공을 거두었다. 또한 우크라이나 사업에서 클레임을 맞았을 때 2년 내에 전액을 배상하여 파트너의 신뢰를 얻음으로써 재기에 성공했다. 이와 함께 2008년 세계금융위기 당시 모두가 움츠러 있을 때 차량 KD 사업에 진출하는 등 제조업에 뛰어들었다. 2012년 말 리내전에 굴복하지 않고 도전한 결과 군용차 2천여 대를 납품하는 한편, 니제르, 코트디부아르, 세네갈, 남아프리카공화국, 모잠비크, 탄자니아, 보츠와나에도 진출했다. 또한 2015년 유가 폭락에도 불구하고 자동차 부품 제조업의 기반을 마련했다. 그는 경영환경이 어려운 때에도 위축되지 않고 오히려 불굴의 도전 정신으로 새로운 시장을 개척했다. 최근의 대표적인 사례는 알제리, 파키스탄, 헝가리, 세르비아 등에서 신규 플랜트 사업에 뛰어든 것이다. 박 회장은 리스크가 있는 곳에 이익이 숨어 있다는 점을 강조하고 있다.

마케팅에서 탁월한 능력 발휘… 귀뚜라미 보일러 동구권 독점 판매

박 회장은 시장을 꿰뚫어 보는 눈을 갖고 있다. 즉, 새로운 아이템을 발굴하고 적극적으로 판매하는 등 마케팅 분야에서 탁월한 능력을 갖고 있다. 예컨대 사탕 포장지 공급 → 화학 제품 무역 → 일반 무역 → 차량무역금융 → 반제품 차량 수출 → 유통 및 물류 → 자동차 부품 제조 → 국산화 사업 → 해외플랜트 사업 등 변화와 혁신으로 끊임없이 미지의 시장을 개척해왔다. 특히 기술 집약적인 제품을 공동 개발하거나 우수한 한국 제품을 발굴한 후 독자적으로 구축해온 글로벌 네트워크와 노하우를 바탕으로 이들 상품을 전 세계에 수출하고 있다. 영산그룹이 무역을 통해 발굴한 기술 아이템인 핸드 드라이어와 보일러, 산업용 장갑, 플레이매트 등을 유럽과 러시아를 비롯한 전 세계에 수출하고 있는 것이다.

대표적인 사례가 화장실에서 사용하는 핸드 드라이어 제품이다. 유럽 바이어와 공동으로 개발한 핸드 드라이어는 빼어난 디자인과 기능성을 인정받아서 중국에서 주문자상표부착생산방식OEM으로 생산한 후 유럽, 미국 등으로 수출하고 있다. 특히 카자흐스탄에서는 대형 백화점을 통해 핸드 드라이어를 판매하고 있다. 한국산 산업용 장갑의 경우 영산그룹의 독자 브랜드인 엘리아스ELIAS 상표로 유럽 지역에 수출하고 있다. 이밖에 귀뚜라미 보일러로부터 러시아 및 중앙아시아의 독점판매권을 확보한 뒤 현지에 영업망과 A/S망을 구축하고 수입 및 유통·판매하

세계 도전 20년, 진정성과 열정으로 문화와 인종을 뛰어넘다

는 새로운 협력 방식으로 추진해 큰 성과를 거뒀다. 귀뚜라미 보일러의 경우 해외 진출 파트너인 박종범 회장의 활약으로 카자흐스탄 보일러 시장에서 우위를 점하고 있다. 이와 함께 우즈베키스탄에 현지 법인을 세운 영산그룹(2015)은 2016년 샤브카트 미르지요예프 대통령의 집권 이후 환율이 안정되고 비자도 면제되자 신규 시장 진출을 꾀하였다. 단순히 제품을 수입하여 바이어에게 넘기는 방식의 무역에서 유통-판매-A/S 서비스망을 구축하는 등 무역을 한 단계 더 업그레이드한 방식으로 전환하겠다는 그의 구상이다. 그의 별명은 러시아와 CIS(독립국가연합), 중앙아시아, 아프리카, 유럽 등지에 한국산 제품을 파는 'Made in Korea 전도사'다. 이는 그가 비즈니스의 전설로 통하고 있는 이유다.

고향 찾으면 친척과 친구들을 알뜰살뜰 챙겨

박 회장의 고향은 광주광역시 남구 대촌동 구소마을이다. 충주 박 씨의 집성촌인 구소마을은 영산강 상류와 접해 있다. 이곳은 최근 도시첨단산업단지가 조성되었지만, 오늘날에도 여전히 농사가 주업이다. 그는 어렸을 때 모친과 함께 이 강을 건너 남평장을 오갔던 적이 많았다. 어렸을 적에는 이곳 영산강에서 친구들과 물놀이와 고기잡이를 하며 많은 시간을 보내기도 했다. 이런 연유로 세월이 지났지만 박 회장이 즐겨 찾는 음식은 붕어찜과 매운탕 등 민물고기로 만든 요리다.

박 회장의 부모(부친 박홍두, 모친 백남례)는 모두 돌아가셨지만, 생전에는 생활력이 아주 강했다. 한때 머슴 5명을 두고 논 14,000평과 밭 1천여평을 일궜을 정도로 마을에서는 가장 큰 부자였다. 3남 4녀 가운데 넷째로 태어난 박 회장은 무학초등학교와 대촌중학교를 다녔다. 어렸을 때부터 명석하고, 공부를 아주 잘 하여 부모님의 큰 기대를 받고 자랐던 박 회장은 살레시오 고등학교에 입학하면서 광주로 나와 자취를 했다. 박 회장은 고등학생 시절에는 토요일 오전 수업이 끝나면 곧장 시골집에 내려가서 부모님의 농사일을 거들었다.

박 회장은 한국에 올 때마다 바쁜 일정에도 시간을 내어 선산에 계시는 조부모와 백부모 그리고 부모의 묘소에 가서 예를 갖춘다. 박 회장의 조상에 대한 효성, 친인척에 대한 관심과 사랑은 외국 생활을 하면서도 변함이 없다. 박 회장은 시간이 생길 때마다 친가는 물론, 처가의 친인척들을 초청, 유럽여행을 시켜주면서 '감사한 마음'을 표현하고 있다. 예컨대 2018년 장보고한상 어워드 대상자로 선정, 국회 헌정기념관에서 시상식이 열었을 때도 가족 및 친척 40여 명을 초청한 뒤, 곧바로 2박 3일간의 제주도 여행을 시켜줬다. 이처럼 그는 늘 마음속에 간직하고 있던 가족 또는 친척들의 사랑을 아낌없이 표현한다. 또한 어려운 친인척을 보살피는 데도 적극적으로 나선다. 특히 가까운 친구의 어머니가 병환을 앓고 계신다는 이야기를 들으면 한국에 출장 올 때 바쁜 일정에도 불구하고 거의 대부분 직접 찾아가서 문안 인사를 드리고 물심양면으로 도움을 준다. 동창들의 애경사에는 본인이 참석하지 못하더라도 직원이나 타인을 통해서라도 슬픔과 기쁨을 함께 나누는 섬세한 감성의 소유자다. 게다가 본인을 성장시켜 주었던 출신 학교나 아동복지 시설 등에 장학금과 학교 발전기금, 기부금도 주저하지 않고 낸다. 그동안 조선대학교, 동아여자고등학교에 수년간 발전기금과 장학금을 지원하였으며 광주와 전남의 아동 복지 시설에 많은 후원금을 기부하였다. 이 때문에 그를 아는 모든 사람은 노블리스 오블리제를 실천하는 대표적 인물이라고 칭찬을 아끼지 않는다. 거래처의 임직원뿐만 아니라 박 회장이 참여하고 있는 각종 모임에서 만난 지인들도 박 회장에게 존경심을 표시하곤 한다. 이처럼 지인들이 박 회장을 존경하는 이유는 돈을 베풀더라도 돈이 있는 티를 내지 않고 잘난 체하지 않는 소탈한 스타일 때문이다. 항상 웃는 모습으로 겸손한 자세로 친구들은 물론 바이어들과도 스스럼없이 어울린다. 고등학교 때부터 믿었던 가톨릭에 대한 독실한 신앙심을 바탕으로 기업 경영에 따뜻한 인간미를 실천하고 있다. 이 때문에 박 회장은 페트로 포로셴코 우크라이나 대통령, 반기문 전 유엔 사무총장 등 세계적인 저명인사는 물론, 자주 가는 레스토랑 주인과도 아주 친하게 지낸다. 무한한 신뢰를 바탕으로 인간관계를 맺고 있는 것이다.

박 회장은 중부 유럽과 러시아, 구 CIS, 아시아, 아프리카 지역을 기반으로 회사의 사업 영역을 넓힌 공로를 인정받아 2013년에는 모교에서 경영학 명예박사 학위를 받았다.

박 회장의 자녀들은 한국에서 초등학교를 다니다가 오스트리아로 이주하여 국제학교를 다니다가 창업 후 비용을 절감하기 위해 현지 학교로 전학했다. 장남 박건영(34) 씨는 고등학교 때 아마추어 미식축구 선수였으며, 비엔나 공대 건축학과를 졸업한 뒤 현재 영산그룹 기획실에서 차장으로 경영 수업을 받고 있다.

둘째 아들 건호(32) 씨는 오스트리아에서 아마추어 럭비 선수로 활약했으며, 런던정경대 법대를 졸업한 뒤 싱가포르에서 영국 및 미국 변호사로 활약하고 있다. 그의 아들들은 오스트리아 영주권자임에도 불구하고 한국 육군과 카투사에 동시에 입대하고 제대해서 화제를 모았다. 굳

영산 그룹 본사가 위치한 비엔나 Opernring 1번지 건물. 건물의 앞으로는 비엔나의
랜드마크인 국립오페라 하우스와 스테판 성당이 보인다

이 한국의 군대에 입대하지 않아도 됐지만, 자원해서 군 복무를 마쳤다.
박 회장은 아들들이 고국에서 병역 의무를 마쳤다는 데 대해 뿌듯함을
느끼고 있다. 두 아들은 20대 후반에 각각 결혼했다. 건영 씨는 부인 안
지은 씨와의 사이에 아들 1명과 딸 2명, 건호 씨는 부인 여가은 씨와의 사
이에 아들 1명과 딸 1명 등을 낳아서 키우고 있다.

자녀들에게 항상 자신을 낮추고 겸손하게 지낼 것을 강조

박 회장이 가족들에게 늘 강조하는 메시지는 성직자의 말씀과 비슷하다.
그의 메시지는 자신을 낮추고 겸손한 마음을 가지라는 것이다. 최근에 자

——— 세계 도전 20년, 진정성과 열정으로 문화와 인종을 뛰어넘다

박종범 회장의 가족 사진

모친 팔순연에 모인 친지들과 함께

녀들에게 보낸 메시지를 인용하면 다음과 같다.

> "남을 먼저 배려하는 마음, 남에게 먼저 베푸는 마음을 갖도록 해라. 주위의 모두와 더불어 사는 삶을 추구하자. 항상 자신을 낮추고 겸손한 마음을 갖고 행동하자."

'겸손함'과 '변치 않는 초심'은 박 회장의 좌우명이다. 주변에서는 박 회장의 가장 좋으면서도 무서운 점으로 '겸손함'을 꼽는다. 항상 웃는 모습으로 자상하게 대할 뿐 아니라 나눔과 실천, 배려와 화합의 정신으로 바이어를 발굴하여 비즈니스를 전개하기 때문이다. 이러한 마인드를 갖기 위해서 치열하게 자신의 내면을 컨트롤하는 훈련을 했다. 그의 100만 불짜리 웃는 모습은 고등학교 시절에 피나는 연습을 한 결과였다. 고등학교 1학년 때 담임선생님이 국어 교사인 이기선 선생님이었는데, 이분이 '자기 암시를 통한 마인드 컨트롤'을 강조했으며 박 회장은 이를 감동적으로 느꼈다고 털어놓았다.

마음속으로 '종범아, 넌 웃는 모습이 너무 경직되어 있어. 멋지게 웃어봐.'라고 되뇌이며 거울을 보면서 오랫동안 웃는 모습을 훈련하게 했다. 그 결과, 트레이드마크인 '환하게 웃는 모습'을 갖게 되었다. 또한 바이어를 만나거나 비즈니스를 하면서 실수했던 것을 되풀이하지 않기 위해 거울을 보면서 끊임없이 교정하는 등 피나는 노력을 경주하였다. 올해로 환갑이 넘었지만 아침에 일어나서 거울을 마주 보고 성찰의 시간을 갖는 것. 즉, 거울에 비친 자신의 모습을 보며 자문자답하는 시간을 갖는 것으로 하루를 시작한다. 이처럼 끊임없는 노력으로 자신의 마음(생각)

———— 세계 도전 20년, 진정성과 열정으로 문화와 인종을 뛰어넘다

을 컨트롤하고 있다.

말한 대로 모든 이루어지는 '아브라 카다브라' 주문 걸어

그는 매일매일 거울 앞에서 '빌 게이츠'가 되새긴 주문呪文을 외우고 있다고 털어놓았다.

"오늘은 왠지 좋은 일이 생길 것 같아. 난 할 수 있어."

"자신의 희망을 매일 아침 입버릇처럼 주문하세요. 그러면 그 희망은 이뤄집니다. '정신'의 힘은 강합니다. 하지만 '말'의 힘은 더욱 강합니다."

또한 박 회장은 히브리 랍비들이 입버릇처럼 말하는 '말한 대로 이뤄진다'는 뜻의 '아브라 카다브라'Avra Cadavra를 되새기면서 하루를 맞이한다는 것을 강조한다. 한마디로 간절히 구하면 그대로(말=기도) 이루어진다는 것이다. 이처럼 박 회장이 간절히 구했을 때, 현실에서 이루어졌던 사례가 수없이 많다고 한다. 그는 말이 잠재의식을 자극한다고 믿고 있다. 우리나라에는 "말이 씨가 된다."라는 속담이 있다. 말은 생각이 밖으로 드러나는 형태이자 자기 삶을 규정짓는 씨앗이라고 보는 것이다. 박 회장이 인간의 뇌는 상상과 현실을 구분하지 못하기 때문에 입버릇처럼 말하는 것이 자율신경계에 자동으로 입력돼 그대로 실현 가능성을 높여 준다고 생각한다. 언어의 창조성에 대한 믿음인 것이다. 그래서 '아브라 카다브라' 주문을 좋아한다.

박 회장은 사람이 내뱉는 모든 말에는 그 사람의 생각과 고유한 에너지가 담겨 있다고 믿고 있다. 박 회장이 늘 자신감 넘치게 일을 추진할 수 있었던 것은 오랫동안 자기 암시를 통해 마인드 컨트롤을 한 덕분이었다. 그가 어떤 상황에서도 바이어와 인간관계를 잘 맺어 오더를 잘 따오고 제품도 잘 판매하는 등 탁월한 능력을 갖고 있는 것도 끊임없는 노력의 결과라고 할 수 있다. 그는 항상 '경청하는 낮은 자세'로 주위에 많은 사람을 대하고 베풀면서 모두가 더불어 살며 함께 나누는 삶을 지향하기 때문이다.

박 회장의 '경청과 믿음의 철학'은 특히 경영 활동에서 여실히 드러난다. 계열사 법인장들에게 과감하게 책임과 권한을 대폭 이양하고 임직원과 직접 소통하여 의사결정을 신속하게 한다. 이 때문에 리스크보다 좋은 기회가 사라지는 것을 더 싫어한다. 설령 잘못된 결정을 내렸을 경우라도 중간에 보완을 통해 리스크를 줄여나갈 수 있기 때문에 주어진 기회를 외면하지 않는다는 것이다. 따라서 한 번 직원을 믿으면 끝까지 신뢰를 보여준다.

대표적인 사례가 슬로바키아 질리나에 까르멜 오토를 설립할 때 입사한 대학생 신분의 현지인을 회사의 핵심 보직인 인사총무팀장으로 발탁한 것이다. 이 혜택을 입은 현지인은 다니엘라 과장이다. 그녀는 미래에 꼭 닮고 싶은 롤 모델로 박종범 회장을 꼽는다. 2년 전 그녀는 자신의 결혼식 때 작고한 부친과 친척을 대신해 박 회장과 함께 신부 입장을 할 정도로 존경심을 표시하고 있다.

이 뿐만이 아니다. 그가 기아인터트레이드 법인장일 때 비즈니스 관계를 맺었던 우크라이나 페트로 포로셴코 로셴 그룹 회장이 대통령으로 선출된 뒤에도 그를 국빈 대우하고 있는데 이 역시 그만큼 신뢰감을 줬기 때문이다. 상대방을 신뢰하고 그의 말을 경청하면 자연스럽게 다양한 인맥을 구축할 수 있다는 것이다. 대부분의 사람은 이익으로 관계가 맺어졌을 경우 이로움이 다하면 헤어진다는 것을 상식으로 받아들인다. 하지만 박 회장의 인간관계의 기본은 눈앞의 이익에 연연하지 말고 마음으로 사귀어야 오래가고 멀리 간다는 점이며, 이를 믿고 계속적으로 실천하고 있다.

소속	영산그룹
	유럽 및 러시아, 아프리카 등 21개국 36개 법인
	종업원 3,000명. 매출액 6천억원(2017년 기준)
출생	광주광역시 남구 대촌(1957년생)
학력	조선대학교 경영학과(학사)
	연세대학교 행정학과(석사)
	조선대학교 명예 경영학 박사
이주 연도	1996년 11월 오스트리아 비엔나
회사 연혁	대성산업 입사
	KIA Finance & Trade G,m,b, H 법인장(1996)
	Youngsan Handels G,m,b,H 법인(자본금 1억원) 설립(1999)
	우크라이나 및 대한민국 법인 설립 및 일반 무역 확대(2004)
	슬로바키아 자동차 KD 및 물류사업 진출(2007)
	러시아, 카자흐스탄, 우크라이나 차량 파이낸스 및 검수사업, 국산보일러 공급(2009)
	아프리카 말리, 코트디부아르, 니제르, 남아공 등 7개국에 무역법인 설립(2011)
	오스트리아 문화예술기획사 WCN 법인설립(2012)
	터키 및 슬로바키아에 자동차 프레스몰 및 플라스틱 사출부품 제조업 진출(2013)
	러시아 Auto Cluster 국산화 사업 시작(2014)
	인도, 체코, 우즈베키스탄, 러시아 KD 및 물류, 보일러 사업 확대(2015)
	러시아 보일러 및 HVAC제품 사업 진출(2016)
	아프리카 모잠비크, 보츠와나, 탄자니아, 세네갈 등 5개국 무역법인 설립(2017)
	알제리 CKD 엔지니어링 및 기술전수, 공장운영
	파키스탄 타이어 엔지니어링 사업 진출
	헝가리 전기베터리 생산 공장 유틸리티 공급 사업 (2018)
	리투아니아 보일러 사업 확대
	세르비아 산업용 폐기물 친환경처리 사업 진출(2019)
주요 경력	재오스트리아 한인회장(2010~2015)
	재유럽한인총연합회 회장(2011~2016)
	세계한인회장대회 공동의장(2013)
	제13차 세계한상대회 대회장(2014)
	한상리딩 CEO(2013~현재)
	국무총리실 재외동포정책위원회 위원(2015~2017)
	니제르 명예 영사(2016~현재)
	평창동계올림픽대회 조직위원회 자문위원(2017~18)
	민주평화통일자문회의 유럽지역회의 부의장(2017~현재)

———— 세계 도전 20년, 진정성과 열정으로 문화와 인종을 뛰어넘다

주요 활동	유럽한인 정체성 함양위한 체육대회 및 각종 행사 개최 및 후원
	체육활동 및 한인연합회 가곡의 밤, 신년음악회 등(2006~현재)
	유럽한인 차세대 지원 및 육성:장학금 및 웅변대회,글짓기(2008~)
	한국 및 한국인 홍보책자 발간 지원(재오스트리아한인동포사 등)
	한인문화회관 건립(2012): 4년간 모금 및 총괄적인 업무수행
	난민 돕기 자선콘서트 개최: 자선단체 카리다스&두 지원(2013~)
	소외계층을 위한 재능기부: 찾아가는 음악회 등 개최(2015~)
	마리엔느&마가렛 노벨평화상 후보 추진(2017~)
	-소록도에서 40년간 의료봉사활동을 한 오스트리아 수녀 2명에 대한 감사와 성원의 표시로 노벨평화상 수여 추진
	2018평창동계올림픽/패럴림픽 대회 오스트리아 응원단 구성 지원
	평창 주요 15개 경기에서 약 3천명의 한인을 자발적 응원
	한-오스트리아 친선의 밤 개최/
	조선대학교 발전기금 1억원 기부(2014)
	유럽거주 한인 차세대 120명씩 초청 국토순례실시 지원(2012~13)
	광주광역시와 취업지원 업무협약(2017~현재)
	평화동계올림픽에 유럽 및 아시아 한인차세대 초청 통일강연회 개최
사회공헌 활동	유럽 10개국서 한국의 정상급 음악가와 현지 오케스트라 협연
	-친선음악회/신년음악회(2010~)
	한국 문화컨텐츠 해외진출기여: K-pop, 태권도, 가곡 및 오페라, 아트 등의 후원으로 현지문화와의 소통 및 통합 유도
	유럽 주요공연단체와 협력 및 젊은 예술가 후원, 장학사업(2014~)
	베를린 국립 오페라 극장 장학생 선발 및 후원
	그라펜엑 뮤직 캠퍼스 참가자 선발 및 장학 후원
	스타인웨이 뮤직 캠퍼스 참가자 선발 및 장학 후원
경영 철학	1. 믿음 소망 사랑을 갖는 구성원이 살아 숨쉬는 기업
	2. 인간적인 정과 더불어 사는 삶의 소중한 가치를 실현하는 기업
	3. 미를 추구하는 예술적 가치를 존중하는 기업
수상 실적	산업자원부 장관 표창(2002)
	지식경제부 장관 표창(2008)
	대한민국정부 국민훈장 모란장(2013)
	오스트리아 연방정부 금성훈장(2013)
	합스부르크 황실 평화증진협회 '평화의 불꽃상'(2014)
	조선대학교 총동문회 '자랑스러운 조선대인상'(2015)

안청락 상익그룹 회장
(중국)

성공한 글로벌 기업인으로서
한중문화 교류에
앞장서다

중국 정부로부터 2017년 6월 13일에 인가를 받은 상익그룹(회장 안청락, 57세)은 태동한 지 2년밖에 되지 않을 정도로 연륜이 짧다. 그럼에도 미용과 유통, 농업, 문화 사업 등 4개 부분에 22개의 계열사를 거느리고 있다. 이들 회사들은 한국과 중국 상해, 곤산, 심양, 철령, 호로도, 항주 등에 자리를 잡고 있다. 상익그룹이 짧은 기간에 20여 개가 넘는 계열사를 갖게 된 것은 오래전부터 중국에 진출하여 뿌리를 내린 신생활그룹(창업주 안봉락 회장, 셋째형)에서 분화됐기 때문이다.

안 회장은 26년 전에 중국으로 진출하여 연 매출 4조 원을 달성한 신생활그룹의 창업주 안봉락 회장과 함께 '중국 시판市販 화장품'을 석권한 최고경영진으로 이미 유명하다. 국내의 많은 화장품 업체가 중국에 진출하여 성공을 거뒀으나, 사드(THAAD) 보복 이후 경영 악화로 대부분 철수하고 말았다. 신생활그룹만이 중국 내에 유일하게 뿌리를 내린 토종 화장품 업체다.

안 회장은 국악을 전공한 기업인답게 중국 선양에 한중교류문화원을 개원하여 중국인은 물론 재중 동포(조선족) 및 재중 교민, 그리고 북한인들이 문화를 통해 서로 어우러지게 한 주역이다. 국악교실을 운영하고 K-pop 대회를 개최하며, 골동품을 수집·전시하기도 한다. 학생 수가 부족하여 한족 학교에 통폐합될 위기에 처했던 조선족 학교를 지원하여 특화학교로 지정받을 수 있게 만들었다. 더불어 동북 지방에서 항일운동을 했던 독립운동가들의 유적 등을 보수하거나 스토리를 발굴하여 영상을 제작한 후 학생들에게 배포하고 있다. 이처럼 문화를 중심으로 동북의 중심지인 심양에서 '중국인과 하나가 되는 그룹'을 지향하고 있다.

서글서글한 눈매를 지닌 안 회장은 성격도 시원시원하며 배짱도 두둑하다. 친구들은 물론이고 다양한 부류의 사람들과 사귀는 것을 좋아한다. 그의 경영 철학은 '아름다운 만남을 통하여 아름다운 경영을 하고 아름다운 나눔을 할 수 있다'이다. 평소에도 "경제적 이윤을 창출하는 것에 우선하여 사회적·윤리적으로 신뢰받을 수 있는 인물이 되어야 한다."는 점을 강조한다. 독식이 아니라 협력을 통해 상생하는 구조를 지향한다. 나눔의 실천으로 국민과 국가 발전에 기여하는 기업으로 성장시키겠다는 의지를 담고 있다. 완도군과 사)장보고글로벌재단은 안 회장의 공로를 높이 평가하여 2018 장보고한상 어워드 국회의장상을 수여했다.

〈편집자 주〉

국악도에서 군인, 그리고 사업가로 변신하기까지

안청락 회장은 아무리 피곤해도 아침 6시에는 어김없이 일어난다. 기상 나팔과 함께 일어났던 군대에서의 습관이 아직도 몸에 배어 있다. 그가 식사를 할 때의 모습을 눈여겨봤다면 장교의 절도와 기품이 배어 있음을 한눈에 알 수 있다. 이처럼 그의 생활에는 반듯한 군인의 규칙과 행동, 리더십같은 게 반영되어 있다. 비즈니스 과정에서도 은연중에 장교 출신다운 행동과 습관이 그대로 눈에 띈다.

안 회장은 국립국악고등학교를 졸업하고 한양대학교 국악학과에 입학했지만, 학과 공부에 별다른 매력을 느끼지 못했다. 그래서 어렸을 적 꿈인 장군이 되고 싶어서 학군사관후보생과정ROTC에 지원했다. 1985년에 대학을 졸업한 후 소위로 임관했다. 당시 '이왕 장교를 선택했기 때문에 최선을 다해 장군이 되자'고 마음먹었다. 이런 생각 때문이었는지 군 생활은 힘들다기보다는 잘 맞았고 재미있었다. 뭐든 대충하는 것을 싫어하기 때문에 주어진 업무도 성실히 수행했다. 군 복무 시절을 평가받을 때마다 늘 상위 10% 안에 들었을 정도로 속칭 군대 체질이었다. 그러던 어느 날, 셋째 형인 안봉락 회장이 사업 제안을 해왔다. 고심 끝에 그 제안을 받아들인 그는 장군의 꿈을 접고 사업가로 발을 내딛기 시작했다.

형제들의 든든한 지원하에 화장품 사업에 뛰어들다

안청락 회장이 화장품 사업에 진출한 배경에는 형님들의 영향이 절대적으

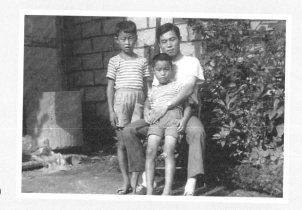

둘째, 셋째 형과 함께(1970년)

훈련을 받는 안청락 대위

장교 임관을 하는 안청락 소위

로 자리 잡고 있다. 맏형은 교직에 종사했고, 둘째와 셋째 형은 1976년부터 1986년까지 화장품 방문판매 사업을 했다. 이때까지만 해도 화장품의 주된 판매 방식은 방문판매였다. 1986년 아시안게임을 앞두고 화장품이 매장에서 판매되는 시판 개념이 도입될 때, 둘째 형은 서울 지역 곳곳에 종합화장품 할인매장을 상당히 많이 오픈했다. 이를 통해 큰돈은 벌었던 둘째 형은 잠잘 시간은 물론 밥 먹을 시간조차 없이 열정적으로 사업을 추진했다. 하지만 독실한 신앙인이었던 둘째 형은 '이런 현실이 신앙인으로서의 삶에 방해가 된다'고 판단하고, 1989년에 캐나다 이민을 결심했다. 둘째 형의 사업 기반은 셋째 형이 고스란히 물려받았다.

그러나 둘째 형의 사업 규모는 셋째 형 혼자서 운영하기에는 벅찰 정도로 커져 있었다. 믿고 함께할 사람이 '막내'라고 생각한 그는 안청락에게 군에서 전역할 것을 강권했다. 그와 셋째 형과는 나이 차가 별로 나지 않고 우애가 각별했다. 안봉락 회장은 '장군이라는 명예도 중요하지만 자본주의 사회에서는 돈이 더 중요하다며 돈이 있어야만 평생 하고 싶은 일들을 마음껏 할 수 있다'며 간곡하게 설득했다. 당시 안청락도 넉넉치 못한 생활에 회의를 품고 있었던 탓에 결국 장군의 꿈을 접고 1990년에 대위로 예편했다.

1995년 중국 진출, 한국 화장품 기술과 마케팅 접목

이렇게 화장품 유통 사업을 시작하게 되었다. 그러던 중 우연한 기회에 중국에 진출하게 되었다. 1992년경 안봉락 회장은 나드리화장품의 장기 재고를 독점 매입하여 저가로 판매하는 업무를 안청락 회장에게 맡겼다. 그는 지인을 통해 저가 화장품이 필요한 중국 무역 회사를 소개받았다. 이 무역 회사와 거래를 하면서 쏠쏠한 재미를 봤다. 그러던 중 우연히 그 무역 회사의 창고에 방문했던 안 형제는 자신들이 납품한 제품이 중국에서 10배 이상의 이윤을 남기고 판매된다는 사실을 알고 충격을 받았다. 더욱이 무역 회사의 거래 물품이 화장품은 물론 의류, 구두, 핸드백 등 매우 다양하다는 사실도 알게 되었다.

그 전까지만 해도 이들 형제는 '중국은 우리와 상관없는 나라'라고 여겼다. 중국 시장에 대해 아예 관심이 없었다. 당시는 누구나 그렇게 생각할 때였다. 하지만 한중 수교를 목전에 둔 시점에서 중국 시장이 무궁무진하게 열릴 것이란 사실을 직감하게 되었다. 돌아오는 차 안에서 '당장 중국으로 가자'며 의기투합했다.

중국 시장을 개척하기 위해 가장 먼저 착수한 것은, 중국 선양에 거주하고 있던 외가 친척을 찾는 일이었다.(설명 참조) 1992년 8월, 한중 수교 시점에 친척 방문으로 중국 요녕성 선양시 소가둔에 거주하고 있던 외가 친척을 만났다. 이들은 친척들에게 화장품 세트를 나눠주며 시장 진출 가능성을 조심스럽게 타진했다. 이종사촌들의 시장 조사 결과를 토대로 '화장품 사업은 중국에서 무조건 성공한다.'는 확신을 가졌다. 이에 안봉락 회장은 1993년, 맡고 있던 한국코티화장품을 안청락에게 맡기고 가족을 데리고 선양으로 아예 이주했다. 그곳에서 곧바로 화장품 공장 설립을 추진했던 것이 오늘날 신생활그룹 성장 신화의 출발점이다.

▶ **안 회장의 외가 친척이 중국에 거주하게 된 사연**
안청락 회장의 부모는 충북 영동군 용산면 한곡리의 동향인이다. 1938년

심양 소가툰에 설립한 신생활그룹의 심양 공장 전경

직원들이 전문 교육을 받는 모습

가을에 중매로 결혼했으며 외가 식구들과 함께 중국 길림성 통화현 하패촌으로 이주했다. 한동안 농사가 잘되어 창고에 곡식을 가득 쌓아 놓을 정도로 경제적으로 풍요했다. 1945년에 고향 소식이 궁금하여 어머니가 큰형님을 데리고 고향인 영동에 다니러 왔다가 열흘 만에 해방을 맞아 꼼짝없이 고향에 눌러 앉게 되었다. 아버지는 통화를 떠나 1946년 2월에야 고향으로 돌아와 헤어진 가족들을 6개월 만에 만날 수 있었다. 그러나 통화에서 함께 살던 10살 아래의 막내 동생을 데리고 나오지 못한 것이 아버지에게는 평생의 한으로 남았다. 이들 외가 친척들이 나중에 선양시 소가툰으로 이주했다.

중국 진출 초기만 하더라도, 이들 형제의 유통 방식은 한국에서 10여 개의 이민 가방에 완제품을 싸서 선박과 비행기로 공급하는 보따리상 수준이었다. 그러나 언제까지나 보따리상 판매 방식으로 비즈니스를 할 수 없다고 판단해 독자적인 브랜드를 개발하기로 결심한다. 당시 중국 정부가 방문 판매업을 불법으로 규정하고 있었기 때문에 새로운 비즈니스의 모델을 구축해야만 중국 내수시장을 개척할 수 있었다. 안봉락 회장은 방문판매와 시판의 장점을 섞어 새로운 형태의 판매 방식을 고안했다. 즉, 중국의 법규를 준수하는 범위 내에서 중국인의 물품 구매 욕구를 자극할 수 있도록 하드웨어와 소프트웨어를 결합한 형태의 영업·마케팅 시스템을 구축했다. 그 시스템은 다음과 같다.

우선 전국적으로 화장품 매장을 확보했다. 매장에 마사지 침대를 갖추었고 전문 교육을 받은 피부 마사지 전문가가 손님이 오면 무료로 화장을 해주었다. 기존에 없던 방식이었다. 신생활그룹이 초기에 심혈을 기울었던 분야가 바로 이 교육이다. 화장품을 판매하는 마케터와 마사지 전문가를 전문적으로 키워냈다. 최소 1년 이상 교육을 받아야만 매장에서 근무할 수 있도록 엄격하게 관리했다. 이러한 신규 마케팅은 중국 여성들로부터 폭발적인 반응을 얻었다. 이것이 바로 중국의 내수 시장을 장악할 수 있었던 비결이다.

형제는 역할을 분담했다. 안봉락 회장은 영업·마케팅을, 안청락 회장은 중국 화장품 공장에 필요한 화장품 원료와 부자재의 확보·공급을 맡았다. 또한 현지의 이종사촌들은 중국 공공 기관(세무국, 공상국)의 관리들을 상대하는 대관 업무(공무 영업)를 맡았다. 이들은 대관 업무를 무난하게 해냈다. 중국에 진출했던 한국기업이 현지에서 적응하지 못하고 실패하거나 철수하는 요인 가운데 하나가 대관 업무에 제대로 대응하지 못한 것이라고 안청락 회장은 조언한다.

당시 중국에 진출한 회사의 경우, 현지 법인장은 현장 상황에 대처하는 방안을 결정할 수 있는 권한이 없었다. 어떤 상황이라도 본사에 보고하고 지침을 받아서 처리하도록 규정되어 있다. 이러하니 빨리 해결하지 못할 경우 오히려 사건이 일파만파로 확대되는 경우가 허다했다. 호미로 막을 일을 가래로도 막지 못하는 결과를 낳았다. 안청락 회장은 만약 중국의 친척들이 대관 업무를 맡아주지 않았다면 지금의 신생활그룹이 존재할 수 없었다고 단언한다.

안봉락 회장과 4조 원 매출 달성하는 신생활그룹을 일궈

안봉락 회장은 중국 진출 2년 만에, '상아'라는 브랜드를 론칭하기 위해 화장품 공장의 건설에 착수했다. 1994년 9월 선양 소가툰의 2만3천 평 부지에 건평 1만2천 평의 화장품 공장을 착공하여 이듬해에 완공했다. 한국나

신생활그룹 상해 공장

신생활그룹 심양 공장

신생활그룹 쿤산 공장

신생활그룹 청도 공장

드리화장품으로부터 관련 기술을 전수받아 현지에서 생산 설비를 갖추고 제조에서 유통, 판매까지 수직 계열화를 통해 논스톱으로 직접 관리하는 시스템을 구축했다. 이로 인해 중국의 내수시장을 적극적으로 개척할 수 있었다.

안청락 회장은 1995년에서야 중국으로 이주한다. 본격적으로 신생활그룹이 추구하는 가치나 목표를 중국의 현실에 맞춰 철저하게 기획, 추진했다. 이러한 전략에 대한 현지인의 호응도가 높아 판매 실적이 급성장했다.

그러나 1997년 11월 IMF 외환위기의 여파가 중국까지 미치면서 신생활그룹의 상황도 녹록지 않게 되었다. 1998년까지는 그나마 호황을 누렸지만, 이후 화장품 거래 자체가 실종될 정도로 매매가 성사되지 않았다. 최근의 사드 사태와 비교할 수 없을 정도로 심각한 침체기에 직면했던 것이다.

안청락 회장은 1998년 5월부터 18개월 동안 두문불출하고 책만 읽었다. 때를 기다렸으나 여건이 좀처럼 호전되지 않았다. 그는 1999년 말 항공권만 달랑 끊어 한국으로 돌아왔다. 큰누님의 도움으로 2000년부터 목공에 공장을 운영했다. 그러나 폭설로 공장 지붕이 내려앉으면서 가동이 멈췄다. 설상가상으로 공장 옆 구두 공장에서 불이 났는데, 그 불이 안 회장이 운영하던 공장으로 옮겨 붙어서 전소되는 참혹한 상황을 맞았다. 화재보험에도 들지 않아 보상금을 한 푼도 받지 못했다. 참으로 어려운 시기였다.

반면 안봉락 회장은 여전히 중국에 머물며 내수시장을 개척하기 위해 고군분투했다. 현지에 건설한 화장품 공장을 서서히 가동하며 내수

시장에서 필요한 물량을 공급하기 시작했다.

2001년이 되자 중국 내수시장의 개척에 희망이 보이기 시작했다. 안봉락 회장은 '위기를 기회로 만들어야겠다'며 화장품 원·부자재의 공급을 다시 맡아달라고 요청했다. 이에 안청락 회장은 심기일전하여 2001년에 청와인터내셔널을 설립하고, 중국 화장품 공장에 필요한 원·부자재를 공급하기 시작했다. 더불어 인쇄와 포장, 다양한 화장품 용기를 만드는 플라스틱 사출 회사 등을 잇달아 설립했다.

2005년부터 20011년까지 6년 동안은 중국 청도와 상해에 체류하면서 신생활그룹에 화장품 원·부자재를 조달하며 중국 현지 생산 공장을 건설하는 데 주력했다. 이 기간에 다행히도 폭발적인 성장세를 보였다.

그러나 애석하게도 2008년 세계금융위기가 찾아왔고, 이후 2012년까지 정체 현상이 빚어졌다. 이 과정에서 안봉락 회장은 휴식과 더불어 새로운 사업 구상을 목적으로 한국으로 일시적으로 귀국하고 안청락 회장이 신생활그룹의 부회장이 되어 그룹을 경영하였다. 이때 안봉락 회장은 안청락 부회장에게 향후 그룹의 분화를 대비하여 자신만의 시장 공략 계획의 수립을 지시했다.

안청락 회장은 2013년부터 2017년까지 5년 동안 신생활그룹의 부회장을 맡으면서 중국인의 심리를 꿰뚫는 경영을 통해 예전과 같은 폭발적인 성장세를 되찾았다. 매년 매출액이 30~40%씩 향상됐다. 직원들에게는 보상으로 활기를 불어 넣는 정책을 펼쳤다. 기여도가 높은 직원에게는 상상을 초월할 정도의 보상을 해주었다. 이 덕분에 한동안 매너리즘에 빠져 있던 조직은 활기를 되찾았다.

그가 부회장으로 재임할 당시 신생활그룹은 화장품, 건강식품, 생활용품 등을 연구·제조·판매하는 중국 굴지의 기업으로 성장했다. 선양 화장품 공장을 비롯해 상하이(화장품 공장 및 연구소), 칭다오(건강식품, 생활용품 공장), 쿤산(화장품 사출용기 공장) 등 5곳에 공장을 두고 20여 개의 자체 브랜드를 바탕으로 중국 전역에 지사 75개, 물류 거점 12개, 매장(대리점) 1만 2000여 개에 이르는 광범위한 사업 네트워크를 구축했다. 이로써 신생활그룹은 직원 900여 명, 방문 판매원 12만 명, 연 매출 4조 원의 기업으로 급성장했다.

2세 경영 체제의 구축을 위해 2017년 상익그룹으로 분화

안봉락·안청락 회장은 2017년 11월에 2세 경영 체제를 구축하기 위해 그룹을 분화하기로 결정한다. 같은 업종에서 2세, 3세가 종사할 때 생길 수 있는 불협화음을 사전에 막기 위한 조처였다. 안봉락 회장은 신생활그룹의 마케팅과 제조 등의 업무와, 안청락 회장이 맡고 있던 원·부자재 및 용기, 인쇄 포장, 플라스틱 사출 등 화장품과 관련한 계열사들을 모두 매수하였다. 대신 안청락 회장은 신생활그룹의 주력 상품과 관련이 없는 계열사들을 주축으로 새로운 회사를 일궜다. 그것이 바로 상익그룹이다. 2017년 6월 13일에 중국 정부로부터 설립 인가를 받았다.

그룹의 명칭을 상익相益으로 지은 이유에는 남다른 경영 철학이 있다. 안청락의 경영 철학은 한마디로 표현하면 '이로움을 추구하고 더불어 행복한 사회를 만드는 윈-윈 비즈니스 전략을 실현하겠다'는 것이다. 그는 "재물은 분뇨와 같아서 한곳에 모아 두면 악취가 나지만, 골고루 사방에 흩뿌리면 거름이 되는 법이다."라는 속담처럼, 평소에도 "경제적 이윤을 창출하는 것보다 우선하여 사회적·윤리적으로 신뢰받을 수 있는 기업(인물)이 되어야 한다."라는 점을 강조하고 있다. 더불어 기업 활동을 통한 이윤을 사회에 환원한다는 차원에서 한국과 중국의 문화 교류에 앞장서겠다는 뜻도 담고 있다.

상익그룹의 모체는 상익플라스틱유한공사(쿤산 2006)를 중심으로, 삼흔인쇄유한공사(선양 2007), 우리위생용품유한공사(항저우 2008), ACR무역유한공사(상해 2013), 서미일용품제조유한공사(선양 2014), (주)뷰인스(한국 2014), 메이커위생용품유한공사(선양 2015) 등이다. 유통 및 무역부문에서는, 청와인터내셔널과 청와국제물류주식회사, 삼광우무역유한공사(선양 2014), 운교무역유한공사, NE-HASKO상무유한공사, 광익무역유한공사, 한차림(한국음식점) 등의 계열사를 두고 있다. 또한 친환경생명 사업을 영위하는 광익농업과기유한공사(선양 2014) 등이 상익그룹에 편입됐다. 이와 함께 문화사업의 비영리법인인 한중교류문화원을 비롯하여 한중문화콘텐츠연구소, 선양유아국제여행사, 선양상익국제문화클럽, 요녕리플스픽쳐스, 스크린킥주식회사인 (주)하다 등도 상익그

룹에 포함됐다.

안 회장이 밝힌 상익그룹의 향후 사업 방향은 친환경 생명 사업과 유통 사업, 문화 혁신 사업, 농생명 사업 부문 등 4개 분야에 그룹의 역량을 모으는 것이다. 현재는 2017년에 설립한 상익식품지분유한공사, 상익농업과기유한공사 등을 중심으로 농업 관련 분야에 사업을 집중하고 있다.

상익그룹은 2018년 12월 요녕성 영구시 자유무역구에 20만평의 땅을 매입하여 친환경 옥수수를 분말로 가공하는 공장을 건설하고 있다. 영구시에 옥수수 가공 공장을 세우는 이유는 2018년 중·러 양식주랑粮食走廊 협정에 의거하여 러시아의 최상품 옥수수를 더욱 저렴하게 확보할

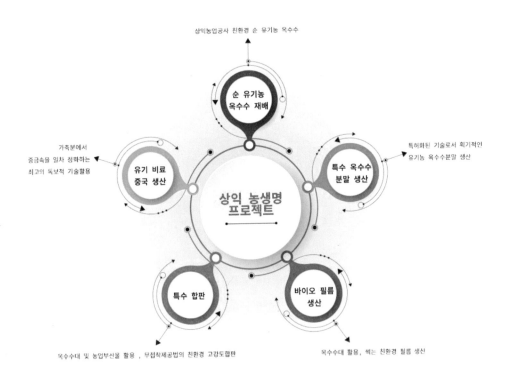

——— 성공한 글로벌 기업인으로서 한중문화 교류에 앞장서다

요녕성 영구시 자유무역구에 들어선 친환경 옥수수 분말 가공 공장의 조감도

러시아 유기농 옥수수 재배 및 수확

상익그룹에서 생산한 옥수수 가공제품: 옥수수쌀, 옥수수면

수 있는 데다가 영구시 바위첸항으로 직접 들여올 수 있는 지리적 여건을 갖추고 있기 때문이다. 또한 이곳에서 생산된 제품을 해외 수출도 하고, 중국 동북은 물론, 화동과 화남, 서남 등 전 지역으로 수월하게 유통시킬 수 있는 교통망도 구축하고 있기 때문이다.

안 회장은 이곳에 2021년까지 연간 5백만 톤 규모의 친환경 옥수수를 분말로 처리할 수 있는 공장 시설을 갖출 예정이다. 가축의 사료나 유전자 변형 옥수수가 아닌 친환경 옥수수를 분말로 가공해서 사람이 먹을 수 있는 옥수수쌀, 옥수수빵, 옥수수면, 옥수수기름 등을 생산, 해외 수출과 중국 내수시장을 공략하겠다는 계획이다. 상익그룹이 세계 최초로 개발·보유하고 있는 옥수수 특강분말特强粉末 기술을 적극적으로 활용하기 위한 비전이다. 이 기술은 유기농 옥수수의 맛과 식감, 영양을 유지하고 있어서 평소 섭취만으로도 건강식품의 효능을 기대할 수 있다.

중국의 국가프로젝트인 '태자도 마을 테마파크' 사업권 따내

안 회장이 야심차게 추진하고 있는 또 하나의 프로젝트는 중국 정부가 추진하는 국책사업인 '요녕성 요양시 태자도 특색소진(특색마을) 건설 사업'이다. 상익그룹은 2018년 2월에 요녕거농실업, 대련홍댄투자그룹과 함께 340억 원을 출자하여 요녕도화도미려소진실업유한공사를 설립했다. 중국 정부가 추진하는 태자도 특색소진 프로젝트를 전문적으로 추진하기 위해 SPC(특수목적법인) 형태로 설립한 것이다.

2018년 6월 1일 요녕도화도미려소진실업유한공사가 태자도에 스마트 팜 전진기지를 건설하겠다는 사업 계획서를 제출하고, 중국 정부의 심의를 거쳐 태자도 특색소진 프로젝트 운영권을 확보하였다. 태자도 특색소진의 1단계 프로젝트는 태자도에 옥수수 가공기지, 동충하초 연구소, 백년산삼연구소, 버섯재배기지, 유기농과일 및 야채 재배기지, 클로렐라 배양기지, 정원농장과 유기온실, 화초관광원, 투수(물을 흡수하는)블록기지, 첨단육우양식장, 국가양로단지 등 15개의 기지 및 단지를 설립·운영하는 것이다. 이처럼 태자도에 초대형 프로젝트를 추진하려는 것은 태자도 강변이 생태회랑으로 조성되어 있으며, 기후가 온화하고 일조량이 풍부하며 토양이 비옥하여 예로부터 농업과 목축업이 발달했기 때문이다.

안 회장은 태자도에 농업을 근간으로 6차 산업모델을 완성시키겠다는 목표를 갖고 있다. 중국은 예부터 "농사는 천하의 큰 근본으로 백성들이 먹고 사는 것이다.農天下之大本 民所持以生也"라고 여겨왔다. 이러한 인식 때문에 중국 정부는 농업을 국가의 근간 사업으로 추진해왔다. 시진핑 주석도 2013년 중앙농촌공작회의에서 농업 혁신을 통해 '강한 나라, 아름다운 나라, 부유한 나라'를 만들겠다고 역설했다. 안 회장도 이러한 시류를 직시하고 중국 본연의 자연주의와 인본주의 사상을 근간으로 농업을 6차 산업의 핵심으로 도약시켜야 한다고 강조하고 있다.

이외 안 회장이 취득한 태자도 개발 운영권 중 하나는 해외로부터 테마파크 개발 자금으로 2조 원을 조달하면 중국 정부가 3조 원을 추가로 투입하겠다는 것이다. 요양시는 부지를 확보하기 위해 두 개 마을의 주민들을 이주시킬 계획이고, 이미 한 곳은 이주가 끝났다.

더불어 안 회장은 경영의 초점을 공익을 실현하는 데 맞추고 있다. 예를 들면 오염된 유전지대의 기름 찌꺼기를 제거하는 'SMO' 신기술을 통해 중국 인민의 생활환경을 개선할 목적으로 친환경 사업을 추진하고 있다.

▶ 태자도

요양시에 위치한 태자도는 용강산맥의 남부 지역인 무순시 신빈현 홍석립 자산에서 발원해 본계시와 요양시를 거쳐 해성시 서쪽 혼하로 합류해 발해 요동만으로 흐르는 태자하에 위치해 있다. 태자도는 요녕성 요양시 문성구에 위치하고 있으며, 동북에서 가장 큰 내륙 섬이다. 동서의 길이가 6,600m이며, 남북의 길이가 1,700m다. 전체 면적은 10만평방미터다. 여의도 면적의 3.5배다.

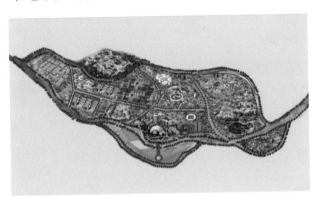

문화 교류에 앞장서, 한중교류문화원 개원

안 회장은 국악을 전공했기 때문에 문화의 가치에 대해 누구보다 잘 알고 있다. 기업인이면서도 문화의 힘을 활용하는 방법을 잘 알고 있었던 그는 사재를 털어 2014년 7월 순수 민간 차원의 문화 단체인 한중교류문화원을 개원했다. ROTC 선배이면서, 단동문화원에서 부원장을 지냈고 한중교류 문화원에서 초대 원장을 맡은 김영식(61세) 씨의 제안을 받아들인 것이다.

그러나 중국은 '문화' 활동을 정치 활동의 일환으로 보기 때문에 활

——————— 성공한 글로벌 기업인으로서 한중문화 교류에 앞장서다

동에는 늘 제약이 수반된다. 특히 기업인이 문화에 관심을 갖는 것 자체가 중국 정부의 오해를 받을 수 있기 때문에 합법적으로 활동할 수 있는 방안을 찾았다. 오랫동안 선양시의 관계자를 만나왔지만 '허가는 내줄 수 없고 활동하는 것은 묵인해주겠다'는 답변만 들었다. 중국은 우리나라처럼 민간단체에 인가를 내주는 일이 드물다. 그러나 그의 끈질긴 노력이 중국 정부를 움직였다. 결국 2015년 7월에 한중교류문화원이 중국 국무원 산하 동북아개발연구원의 '중한교류중심中韓交流中心'으로 편제되어 정식으로 설립 허가를 받았다. 단, 3년마다 갱신해야 한다는 단서 조항이 있었다.

선양 코리안타운에 위치한 한중교류문화원은 한국신성韓國新城 건물의 1~3층을 임차하여 사용하고 있다. 총 666평을 사용하고 있고 연간 임차료만 1억 원이 넘지만, 안 회장이 사재를 털어 충당하고 있다. 1층에는 아름다운카페, 국악전수실이, 2층에는 청초당도서관(靑草塘: 안중근 의사의 유묵에서 명칭 차용), 어린이만화도서관, 상익홀(110석 규모), 경로당(육유당: 育遊堂), 3층에는 태권도시범관, 탁구장, 서화관, 동북항일역사자료전시관 등이 들어서 있다.

한중교류문화원은 3무1존三無一存이라는 독특한 실천 이념을 갖고 있다. '3무'는 일체의 정치적인 언급을 삼가며, 중국인(조선족 포함)은 물론 한국인, 북한인 등을 차별하지 않으며, 문화 인프라를 활용해 경제적인 이익을 추구하지 않는다는 강령이다. '1존'은 문화 나눔이라는 한 가지만 실천한다는 것이다. 이는 안 회장이 품고 있는 '마중물 정신'에서 비롯되었다. 마중물은 우물 속 깊은 물을 끌어올리기 위해 펌프에 붓는 한 바가지의 물로, 땅 속의 생명수를 세상으로 끌어올리는 역할을 한다. 즉, 한

심양 코리아타운에 위치한 한중교류문화원이 입주한 건물 모습

한중교류문화원에서
개설한 국악 및
태권도 교육
프로그램에 참여한
학생들

한중교류문화원이
운영하는
만화창의탐구단의
개강식 장면

실버건강문화대학 -
도전 골든벨

실버건강문화대학 -
서화교육

압록강실버예술단
창단 공연

정월 대보름 행사

중국전통민악경연대회

중교류문화원의 활동이 마중물처럼 지금 당장에는 보잘것없을지라도, 훗날 한국과 중국의 문화가 서로 소통하며 하나가 되는 큰 힘을 발휘할 것이라고 믿고 있는 것이다.

그간 한중교류문화원은 한국과 중국의 문화 교류를 통한 우호 증진을 목표로 다양한 활동을 펼쳐왔다. 자체 추진 행사와 대외 협력 행사로 크게 나눌 수 있다. 자체 추진 행사는 교육, 공연, 체육, 전시, 보훈 등으로 분류할 수 있고, 대외 협력 행사는 국가 기관 협력 행사와 민간 기관 협력 행사로 분류할 수 있다.

교육은 '전 세대의 앎의 욕구를 충족시킨다'는 목표 아래 세대별로 맞춤형 교육 프로그램을 개발하고 있다. 어린이는 '슬로우-리딩Slow Reading'이라는 교육 방법을 통해 한국어를 더욱 친숙하게 읽고 쓸 수 있도록 지도하고 있다. 학부모들은 자녀가 한국어를 배우는 데 대한 만족도가 높다. 만화창의탐구단을 개설하여 기수마다 30명을 모집하고 있으며 현재 4기까지 운영했다. 청소년들을 대상으로는 영상을 결합시킨 인문학 강좌를 개설·운영하고 있다. 청소년들이 친숙하게 느끼는 영화와 드라마, 다큐멘터리 등을 활용하여 문학, 역사, 철학 등에 대한 기본 소양을 배양할 수 있도록 지도하고 있다.

장년층을 대상으로 하는 교육 프로그램은 주로 선양시조선족여성연합회 회원들이 참여한다. '여성의 삶이 어떻게 전개되어 왔는지'에 대해 자문하고 본인의 삶을 성찰할 수 있는 기회를 제공하고 있다. 더불어 중국 노년층의 지식에 대한 욕구가 왕성한 점을 겨냥한 프로그램도 있다. 이들 노년층의 대부분은 문화대혁명을 겪은 세대들로 한창 배울 나이에 농촌으로 내려가 느닷없이 일을 하는 바람에 제대로 배우지 못했기에 일종의 한이 서려 있다. 이들을 대상으로 평생교육 차원에서 '실버건강문화대학'을 개설하여 연 2회(봄·가을) 운영하고 있다. 연간 졸업생 숫자가 500명에 달할 정도로 인기가 폭발적이다. 이들의 소감문을 정리해 책으로 펴내기도 했다.

또한 2016년에는 '키다리아저씨(현 선양꿈나무장학회)'를 건립하여 지금까지 '심신몽沈新夢 0123 프로젝트'를 실현해오고 있다. 2002년 9월 1일 개교할 당시 심북신구조선족학교의 학생 수는 당초 610명이었으나 매년 20% 이상 감소하여 2015년에 이르러서는 한족학교와 통폐합해야 할 위기에 직면했다. 이 문제를 해결하기 위해 한중교류문화원이 발 벗고 나섰다.

> ▶ **심신몽 0123 프로젝트란?**
> 심신몽(沈新夢) = 심북신구조선족학교의 새로운 꿈!
> 0 = 기숙사 생활 및 방과 후 교육을 무상으로 지원한다.
> 1 = 학생 모두가 한 가지 이상의 예능 실력과 체능 실력을 보유한다.
> 2 = 학생 한 명당 담당 교사 두 명씩을 배치하여 면대면 교육을 한다.
> 3 = 학생 모두가 중국어 및 한국어, 영어 등 세 가지 언어를 자유자재로 구사한다.

심신몽 0123 프로젝트를 추진한 결과, 2017년에 중국 정부로부터 민족특색학교로 지정되었다. 결국 한족학교와의 통폐합 문제도 자연스럽게 해결되었다.

공연 활동으로, 한국나누리전통예술단의 전문 강사를 초청하여 국악교실을 운영하고 있다. 중국 동북 삼성에서 전승되고 있는 국악의 대부분이 북한으로부터 전수됐다. 따라서 한국의 국악과 균형을 맞추기

꿈나무동산 조성 기념 사진

골프 교육 지원

학교 정화사업 - 벽화 그리기 지원

한국 전통음악 전수 지원

위해 매년 방학을 이용해 두 차례 국악교실을 개최하고 있다.

또한 현대공연은 한중교류문화원의 산하 단체들 중 하나인 '심양 노찾사(2018년에 광익문화예술단으로 귀속)'를 중심으로 개별 회원이 동아리 활동에 참여하고, 정기 공연을 하는 축제 형태로 운영된다.

최근에는 러시아 우수리스크 고려인문화센터와 업무 협약을 맺고 2019년 1월부터 한국의 전문 국악인을 파견하여 연해주 고려인 사회에 국악을 보급·전수하고 있다. 이처럼 안 회장의 국악 전수의 꿈은 중국 동북 삼성의 조선족 사회를 넘어 러시아 연해주의 고려인 사회로까지 확장되고 있다.

주 선양 대한민국 총영사관과 함께 한류의 대명사인 K-pop대회도 개최하고 있다. 안 회장이 K-pop대회를 개최하는 이유는 'K-pop은 리듬이나 화려한 군무, 중독성 있는 멜로디에만 의미가 있는 게 아니라 긴장을 완화시켜 화합의 장을 만들어낸다'는 데 더 큰 의미가 있다고 보기 때문이다. 2018년까지 4회 대회를 개최했는데, 110석 규모의 한중교류문화원 상익홀이 비좁아 200석 규모의 조선족문화예술관으로 옮겨서 대회를 치를 만큼 큰 호응을 얻고 있다.

체육 활동으로는 '부대끼며 하나 되다!'라는 목표하에 한·중 친선 배구대회와 탁구대회를 치르고 있다. 각 지역에서 활동하는 배구동호회나 탁구동호회를 초청하여 실력을 겨룸으로써 친목을 다지고 있다.

또한 특별 문화 행사가 벌어질 때마다 한국에서 태권도시범단을 초청하고 있다. 2018년부터 공간과 인력을 확보하여 한중교류문화원에서 자체적으로 태권도시범단을 운영함으로써 중국 내 한국 태권도의 보급에 더욱 박차를 가하고 있다.

전시는 동북항일역사자료전시관을 중심으로, 한국과 중국의 공통된 주제인 '항일'을 전시 주제로 설정하고, 동북 삼성에서 전개한 한·중 항일 무장투쟁의 역사적 의미를 되새기는 측면에서 전시기획이 이루어지고 있다. 또한 중국과 일본 간의 센카구열도 분쟁과 유사한 한국과 일본의 독도 분쟁을 중국인에게 널리 알리려는 목적으로 독도 특별 전시전을 개최하고 있다. 나아가 중국의 좋은 서화書畵 작품을 상설 전시하고자, 요녕명인 365서화원과 공동으로 2018년 2월에 '한중교류문화원 서화예술관'을 개관했다. 전시, 경매뿐만 아니라 국학 교육까지 이루어지는 다문화교육 공간으로서 한중교류문화원이 한족 사회에 한 걸음 더 가까이 다가갈 수 있는 계기를 마련한 것이다.

또한 한중교류문화원은 기존의 전시 활동이 전시물을 통한 보여주기 식에 머물고 있다는 한계를 직시하고, 2018년부터 국가보훈처와 공동으로 동북의 항일 유적지를 개·보수하는 작업을 벌이고 있다. 중국에서 훈장을 받지 못한 항일 유공자의 후손을 찾는 사업을 각 지역의 공관과 협조하여 추진하기도 했다. 또한 한·중 청소년들과 함께 항일운동의 발자취를 찾아가는 현장 답사도 수차례 추진했다. 이밖에 (재)항일영상역사재단과 함께 한·중 항일영화제를 개최하기도 했다. 이외에도 항일 투사들의 후손들의 육성을 녹취하여《조선족 항일 투사의 후손들》이라는 책자를 발간하기도 했다.

기업인인 그가 일련의 항일 선양 사업에 앞장을 선 것은 자신이 안중근 의사와 친척이라는 사실 때문이다. 항일이라는 목표 앞에서는 국가도, 민족도, 이념도, 노소도, 남녀도 따지지 않았던 위대한 선열들의 고귀한 희생 정신을 기리는 것으로, 그 숭고한 가치를 일깨우는 데 목표를

양기하 장군 기념비 개보수

한중교류문화원에서 발행한《조선족 항일 투사의 후손들》책자

노학당(윤희순 기념비)
개보수

의암선생기념원
개보수

항일유적지 답사 지원
(선양한국국제학교
학생들)

두고 있다.

이외에도 골동품 감정과 경매를 전담하는 상익국제문화클럽은 선양시 골동품지구의 랜드마크라고 할 수 있는 성보빌딩에 자리 잡고 있다. 2016년 12월부터 요녕성골동예술품상회와 요녕성북방미디어그룹, 요녕성중소기업발전촉진회 등과 협약을 맺고 1,500여 명의 클럽 회원이 갖고 있는 희귀 골동품을 전시하고 있다. 설립 당시부터 복합문화 공간을 지향해오고 있는 상익국제문화클럽에서 발생되는 수익금은 모두 공공문화 사업에 투입하고 있다.

대한민국독도협회를 설립하여 영토 주권의 수호에 앞장 서

안 회장의 폭넓은 활동은 2017년 2월 22일 '대한민국독도사랑협회'의 창립으로 이어졌다. 이날은 일본의 시네마현이 제정한 소위 '다케시마의 날'이기도 했다. 창립일 자체가 일본의 억지 주장을 반박하는 것이었다. 이후 2018년 8월 21일, 그동안의 활동 성과를 인정받아 해양수산부의 비영리 사단법인 제299호로 설립 인가를 받고 (사)대한민국독도협회(www.ddsr. or.kr)로 거듭났다.

안 회장이 지향하는 대한민국독도협회는 일본 정부와 맞서 싸우는 단체가 아니다. 다양한 문화 활동을 통해 독도에 대한 국민적 관심을 유도하여 실질적인 독도의 영토 주권 수호에 앞장서는 민간단체로 자리매김하고자 하는 것이다. 이를 위해 독도 수호 계몽운동, 독도 탐방 사업, 국내외 독도 홍보 및 교육 사업 등에 역점을 두고 있다.

지금까지 대한민국독도협회는 △2월 22일 다케시마의 날 철폐 촉구

골동품을 전시하는 상익국제문화클럽의 입구 모습

상익국제문화구락부 전시관 -
희귀 골동품 진열

상익국제문화구락부
전통다실

대한민국독도협회 회원들과 함께 독도를 방문한 모습

행사, △10월 25일 독도의 날 기념 행사, △독도 앞바다 찾기 전 국민 서명 대회, △독도 바로 알기 교육 자료 발간 및 국내외 독도 사랑 강연, △독도 수호 결의대회 및 독도 탐방, △길거리 독도 홍보 행사, △대학생 SNS 기자단 운영, △요양 시설 자원봉사 등의 다양한 문화 활동을 해왔다.

대한민국독도협회는 해외 지부로서 중국총연합(베이징, 상하이, 칭다오, 광저우, 선양, 대련)을 조직·운영하고 있다. 박 회장은 베트남 하노이연합 및 미국 뉴욕연합, 인도네시아연합 등을 조직할 계획도 갖고 있다. 해외연합은 독도를 중심으로 교민들을 하나로 묶는 역할을 하고, 나아가 전 세계인들에게 독도가 대한민국 영토라는 사실을 적극 홍보할 계획이다.

성공한 글로벌 기업인으로서 한중문화 교류에 앞장서다

다양한 봉사 활동을 통해 민족 정신을 일깨워

안 회장은 2013년부터 선양한국인(상)회의 고문을 맡고 있다. 선양한국인 (상)회와 한중교류문화원의 긴밀한 연계를 통해 한국 교민들이 더욱 유익한 문화 생활을 누릴 수 있도록 지원하는 역할을 하고 있다. 외국 생활에서 자칫 소외될 수 있는 문화 활동을 적극 유도하여 한국 교민들이 정신적으로 더욱 윤택한 삶을 살 수 있도록 하는 데 목적이 있다. 또한 안 회장은 2016년부터 선양시 조선족 집단 거주 지역에 위치한 화신조선족소학교의 명예교장을 맡고 있다. 매년 발전기금을 조성하여 불우한 학생에게 장학금을 지원하는 것은 물론 방과 후에 가야금 교육과 태권도 교육을 무상으로 지원하고 있다. '민족학교가 살아야 그 민족의 미래가 있다'는 신념으로 봉사 활동에 나서고 있다.

또한 안 회장은 17기 민주평화통일자문회의 선양협의회 회장을 맡아 청소년 통일골든벨 대회, 청소년 동북 삼성 통일캠프 등을 개최하여 한·중 청소년들에게 평화통일의 필요성을 인식시키는 데 이바지했다. 무엇보다, 기미독립선언보다 앞서 중국 동북 삼성에서 민족 대표 39인에 의해 발표되었던 무오독립선언의 의미와 가치를 대내외에 선양하는 데 앞장섰다. 그 결과 중국 선양에서는 매년 2월에는 주 선양 대한민국 총영사관과 민주평화통일자문회의가 공동으로 무오독립선언 기념식을 개최하게 되었다.

2014년부터는 미국 등 세계 18개국에서 활동하고 있는 세계한인체육회와 연계하고 있는 세계한인체육회총연합회 고문으로 활동하고 있다. 그러면서 재중국대한체육회를 중심으로 중국 동북 삼성에서 매년

동북삼성 항일독립운동가 후손 초청 좌담회

김치 담그기 봉사 활동에 참여한 안 회장

제17기 민주평화통일선양협의회 출범 회의

선양한국주 행사 -
태권도시범단 공연

제100주년 3.1절운동
기념식

태권도 대회가 개최될 수 있도록 관계자들을 독려함과 동시에 여러 형태로 적극 지원하고 있다. 이는 한국의 태권도가 중국에서 왜곡·전파되고 있는 현실을 우려한 것이다. 중국의 태권도 사범들은 정식으로 한국 태권도를 전수받지 않은 경우가 많았고 한국의 태권도 교본이나 용어를 중국식으로 오역하여 중국화하고 있었기 때문이다. 그는 요녕성 선양시에서 운영되고 있는 200여 개의 태권도 도장에 한국인 태권도 사범을 우선적으로 초청하는 방안을 모색하고 있다.

이외에도 안 회장은 중국 사회에 나눔과 봉사 정신 그리고 행복을 전파하는 것을 목적으로 '동전의 희망'과 '김치나눔축제'를 기획·운영하고 있다. '1인의 1만 위안보다 100인의 1만 위안이 더욱 소중하고 위대하다!'라는 슬로건으로, 돼지저금통에 동전을 모금하여 농촌 지역의 생활 빈곤 학생들에게 10년 넘게 장학금을 지원하고 있다. 특히 연말에는 두레 형태로 김치나눔축제를 개최하여 불우한 이웃에게 김치와 김치 판매 수익금을 나누어줌으로써 협력과 나눔의 정신은 물론 한국의 대표 음식문화를 중국 사회 깊숙이 전파하고 있다.

안청락 회장은 기업인이면서도 문화를 바탕으로 한민족의 미덕과 정신을 보급·전파함은 물론, 한국인과 중국인이 서로 정을 나눌 수 있도록 교류의 장을 마련하는 등 큰 역할을 하고 있다.

그의 경영 철학은 크게 3가지로 요약할 수 있다.

첫째, 앞서 말한 동도상익同道相益이다. 그는 중국 북송 학자인 구양수歐陽修가 말한 '정도를 지키는 군자들의 벗 사귐'과 같은 이상을 지향한다. 구양수는 신의를 실천하고 명예를 아끼고 이상을 공유하며 어려운 사람을 구제해야 하는 측면에서 사람을 사귀어야 한다고 강조했다. 그가 추구하는 인간관계의 만남도 '이익을 탐하는 벗들의 만남'이 아닌, 정도를 지키는 군자의 만남 같은, 소위 '동도상익同到相益'의 이념과 같다. 이렇게 해야 오래 사귈 수 있다는 지론을 갖고 있다.

둘째, 한민족의 고유 사상인 홍익인간 사상이다. 셋째, 집사광익集思廣益이다. 이는 중국 촉나라 제갈량이 한 말로서 '생각을 모아 이익을 더한다'라는 뜻을 가지고 있다. 여러 사람의 지혜를 모으면 더 큰 효과와 이익을 얻을 수 있음을 뜻한다. 안 회장은 더욱 넓은 세상으로 나아가, 보다 널리 사람들을 이롭게 하는 뜻으로 쓰고 있다.

친구를 좋아하고 유복했던 성장 과정

안 회장은 '국악의 고장'으로 알려진 충북 영동에서 태어나고 자랐다. 쌀장사를 했던 부모님(안도성, 김기순) 슬하에서 6남매 중 막내로 태어났던 그는 비교적 풍요로운 유년기를 보냈다. 집에서 한때 사과 과수원을 운영했던지라 손만 뻗으면 지천에 널린 과일을 따먹었던 추억을 떠올리면 행복감에 젖어들곤 한다. 소백산맥의 추풍령 자락에 위치한 영동군은 일교차가 크고 일조량이 풍부하여 사과, 배, 복숭아, 포도, 감 등의 과일이 잘 재배되는 것으로 유명하다.

그는 어릴 적부터 부모님이 걱정할 정도로 친구들을 좋아했다. 친구들과 함께 있으면 밥을 먹지 않아도 배가 불렀을 정도로 어울려 노는 것이 좋았다. 중년이 된 지금도 ROTC 동기들을 만나면 시간 가는 줄을 모르고 함께 어울린다. 친구들 사이에 언쟁이 벌어질 경우에는 항상 안 회장이 문제를 해결하는 데 앞장선다. 그는 갈등관계의 사람들을 자연스

부모님과 형제들의 단란한 모습, 맨 왼쪽이 안청락 회장

충북 영동군 심천면 금강변 상류에 1980년대부터 안 회장의 부친이
과수원을 경작했다(사진은 과수원을 배경으로한 둘째 형님 사진)

서울 국립국악고등학교 교사 전경

럽게 중재하는 역할을 잘 했다.

중2 때 이성에 반해 국립국악고등학교 진학

그가 국악과 인연을 맺게 된 것은 어렸을 때부터 국악 소리를 자연스럽게 들으며 자랐기 때문이다. 영동에는 조선 세종 때 아악을 집대성한 박연을 기념하는 '난계국악박물관'이 있으며, 매년 가을이면 '난계국악축제'가 개최되는 등 지역의 정서와 분위기가 국악과 떼려야 뗄 수 없다. 지역의 초·중·고등학교에서도 자체적으로 국악합주반을 운영했다.

결정적으로 국악을 전공하게 된 것은 이성 때문이었다. 중학교 2학년 여름방학 때 선배를 따라 한 여자 중학교의 교장실을 방문하게 됐는데, 그곳에서 또래 여학생의 안내를 받았다. 순간 이름도 몰랐던 그녀에게 한눈에 반해버렸다. 그 학생이 국립국악고등학교에 진학한다는 소문을 듣고 무작정 국립국악고등학교에 진학했다. 하지만 첫사랑은 짝사랑으로 끝나버리고 말았다.

중학교에 다닐 때 특별 활동으로 3년간 해금을 공부했는데, 국립국악고등학교에 들어가서는 대금으로 전공을 바꿨다. 특별한 이유가 있었던 것은 아니다. 고등학교에 들어가 보니 여학생이 압도적으로 많았다. 관악기 전공자가 부족했다. 선생님이 '손이 큰 학생은 대금, 작은 학생은 피리 전공'으로 일방적으로 정해버린 탓이다.

1980년의 봄을 맞았던 고3 때 데모를 주동했다. 당시 서슬이 시퍼렀던 시절이라 데모를 했다는 이유로 이런저런 불이익을 당했다. 국립국악고등학교를 상위권으로 졸업하면 서울대학교 입학은 따놓은 당상이

——————— 성공한 글로벌 기업인으로서 한중문화 교류에 앞장서다

었지만, 국립국악고등학교 선생님들이 서울대학교 국악과에서 실기 강사를 겸하는 경우가 많아서 입학원서를 제출할 수 없었다. 별수 없이 한양대학교 국악과에 입학했다.

이후의 삶은 앞에서 기술한 바와 같다. 다만 안 회장은 화장품 사업에 뛰어들면서 가정 생활이 순탄치 않았다. 1990년대 중반 한국에서 중국으로 컨테이너 2대 분량의 화장품을 보냈는데, 보증만 믿었다가 사기를 당해 물품 대금을 한 푼도 받지 못했다. 게다가 나드리화장품으로부터 외상으로 받았기 때문에 그의 책임은 배가될 수밖에 없었다. 경제적으로 힘든 상황에 놓였을 때, 아내로부터 숱한 원망을 받았고 급기야 헤어졌다. 이후 안 회장의 아픔을 이해하고 보듬어주는 조상은 여사(50세)를 만나 1998년에 재혼했다.

자녀는 3남 2녀를 뒀다. 장녀 안상미(32세)는 대학에서 미술 치료를 전공하고 현재 모 병원에서 치료상담사로 근무하고 있다. 장남 안성현(26세)은 포항공대에서 빅데이터를 전공한 후 현재 군 복무 중이다. 차남 안상안(22세)은 세명대학교에서 화학을 전공하고 있다. 삼남 안상화(17세)는 사춘기를 막 지난 청소년이다. 장래에 유명 바리스타가 되는 것이 꿈이다. 막내 안소연(14세)은 가끔 어른스러운 말과 행동을 하는 바람에 주변 사람들을 깜짝 놀라게 하는 재주를 갖고 있다. 안 회장은 자녀들이 자신들의 기량을 마음껏 발휘하도록 도와주는 역할을 해줄 뿐 그들의 삶을 주도적으로 이끌어가지는 않는다.

반면 기업인으로서 안청락 회장은 상익그룹의 경제 영토를 중국을 넘어 글로벌 차원으로 확장하기 위하여 거침없는 도전을 하고 싶은 욕망을 갖고 있다. 그의 도전과 개척이 어디까지 미칠 것인지 사뭇 궁금하다.

소속	상익그룹
	상익식품유한공사(옥수수 가공 식품 전문 회사) 22개 계열사
	한중문화교류원/종업원 400명, 매출액 1,000억 원
출생	충북 영동(1963년생)
학력	한양대학교 음악대학 졸업(1985)
이주 연도	1995년 중국
회사 연혁	한국코티화장품 대표(1992~2000)
	청와인터내셔널(2001) 설립
	한국신생활 대표(2006~2010)
	상익플라스틱유한공사(2007) 설립
	삼흔인쇄유한공사(2007) 설립
	우리위생용품유한공사(2008) 설립
	중국신생활그룹유한공사 부회장(2013~2017)
	ACR무역유한공사(2013) 설립
	한중교류문화원(2014) 설립
	서미일용품제조유한공사(2014) 설립
	(주)뷰인스(2014) 설립
	광익농업과기유한공사(2014) 설립
	삼광우무역유한공사(2015) 설립
	청와국제물류주식회사(2015) 설립
	메이커위생용품유한공사(2015) 설립
	상익그룹 창업(2017~)
	삼익식품지분유한공사(2017) 설립
	상익코리아(2017) 설립
주요 경력	선양한국상회 고문(2013~현재)
	한중교류문화원 이사장(2014~현재)
	17기 민주평화통일자문회의 선양협의회 회장(2015~2017)
	화신조선족소학교 명예교장(2016~현재)
	대한민국 독도협회 회장(2017~현재)
	세계한인체육회총연합회 고문(2014~현재)
경영 철학	-문화를 통하여 하나가 될 수 있고 그 힘으로 세계를 경영할 수 있다.
	-기업의 이익을 한국과 중국의 문화 교류 사업에 환원한다.
도전 및 개척	-요양시로부터 태자도 특색마을 조성 사업 운영권 획득: 약 300만 평의 섬 전체를 유기농을 주제로 한 특색마을을 조성하는 초대형 프로젝트
	-유기농 옥수수 종자 베이스 사업 및 가공 사업을 중심으로 5성급 호텔과 박물관,

민속관, 습지공원, 온천 및 재활병원 건립 계획

사회공헌 활동 조선족학교 지원(심양시 조선족제5중학교 살리기 운동)

-2002년 9월 1일 개교(학생 수 610명)했으나 매년 학생 수가 20% 감소

-2010년에 기숙사 및 학생식당 폐쇄(2015년 학생 수가 50명 이하로 감소)

-기숙사 및 학생식당의 재건축 추진과 민족 특색 방과 후 교육 지원

한국어교육 지원: 만화창의탐구, 슬로리딩(Slow Reading), 스크린인문학, 실버대학,
경로당 건설 등 지원

한국문화 보급: 태권도 시범단과 국악교실 운영

K-pop대회를 매년 개최함으로써 중국 내 한류의 지속적인 확산 분위기 조성

두레정신을 보급하기 위해 김치축제와 동전의 희망 나눔 행사 개최

'1인의 1만 위안보다 100인의 1만 위안이 더욱 소중하고 위대하다'라는 슬로건으로
동전을 모금

매년 김치축제를 벌여 불우한 이웃들에게 나눠줌

항일 유적지 개·보수사업 지원: 항일 유적지 답사

국가보훈처와 협력, 매년 3~5개소의 항일 유적지를 개·보수

한·중 청소년을 대상으로 동북 삼성 항일 유적지 답사 추진

독립운동가 후손 초청, 좌담회 개최(구술사 형태 자료집 발간)

키다리아저씨 후원회 회장(2016~현재)

심양 한국 및 조선족 기업인으로 키다리아저씨 후원회(100명) 결성

연변한국국제학교 후원회 회장(2018~현재)

중국 최초 천연 잔디 운동장 조성 지원

가야금, 사물놀이, 민요 등 한국 전통문화를 보급

수상 실적 2014. 10. 산업통상자원부 장관 표창

2016. 10. 5. 국민훈장 동백장 수상

2017. 03. 통일문화대상(통일문화연구원, 매일경제신문 공동 주관) 수상

2018. 01. 월드코리안대상(월드코리안신문) 수상

안청락·상익그룹 회장 ————

145

박상윤 상해상윤무역유한공사 대표
(중국 상해)

선한 영향력으로 공생을 꿈꾸고,
심미안으로 예술을 지원하는
기업가

중국 상해에서 23년 동안 거주해오고 있는 박상윤 상해상윤무역유한공사 사장(56)은 두 권의 책을 낸 작가이며, 탁월한 심미안을 가지고 한국의 예술을 중국 시장에 소개하는 큐레이터다. 그러나 그의 본업은 기업가. 1988년 SK케미칼(주)에 입사한 이후 50대 중반을 넘어선 지금까지 이른 새벽에 회사에 도착하여 자기계발을 위해 꾸준히 노력해온 실력파다. 그는 새벽 5시에 일어나 회사에 7시 반까지 도착하는 부지런함 덕분에 영어와 일어, 중국어 3개 외국어를 구사할 수 있다. 특히 중국어는 원어민 수준에 가깝다. 각종 모임에서 사회를 보면서 우렁찬 목소리로 중국의 四聲(사성)에 따른 성조 발음을 할 때면 청중의 시선을 사로잡는다.

박 사장 특유의 부지런함과 성실함, 매사에 끊임없이 노력하는 자세는 오랫동안 실천했던 '새벽형 인간'에서 비롯되었다. 중국에 거주한 지 올해로 23년 되었는데, 11년 전부터는 자기 사업을 일굴 수 있었던 것도 새벽부터 치열한 활동을 해온 덕분이라고 스스럼없이 말한다.

그는 중국에 거점을 두고 한국이나 동남아 등지로 수출입 사업을 하고 있다. 한국산 산업용 슈퍼섬유 등을 수입하여 중국 공장에 원료로 판매한다. 중국 제품을 동남아 등지로 수출도 한다. 또 강소성 상숙시에서 원사 공장을 운영하며 산업 안전용 특수 장갑을 생산하는데 필요한 소재사를 가공 생산하여 중국 장갑 편직 공장들에 판매하고 있다.

그는 일반 사업가와 비교되는 특이한 점이 있다. 대기업 생활을 20여 년 했고, 자기 사업을 11년간 해온 사업가가 아트 갤러리를 직접 운영한다. 예술 활동에 대한 지원도 아끼지 않는다. 기회는 우연히 찾아왔다. 한국 예술가를 지원한다는 차원에서 2014년 상해아트페어에 참가하여 전시 부스를 열었다. 이것이 계기가 되어 예술 분야에 관심을 갖게 됐다. 2015년에는 아예 상해에 '윤아르떼'라는 갤러리를 오픈했다. 그가 '2018 장보고한상 어워드'에서 문화체육관광부 장관상을 받게 된 것은 본연의 사업인 무역업과 제조업을 하면서도 한국 문화를 중국에 알리는 데 크게 기여했기 때문이다. 한국 예술이 잘 알려지지 않은 중국에 갤러리를 기반으로 많은 작가와 작품을 소개했을 뿐만 아니라, 중국의 컬렉터를 찾아서 다수의 작품을 판매하고 있다. 이러한 박상윤 사장의 삶과 궤적을 소개하고자 한다.

〈편집자주〉

미술 공부와 더불어 예술가를 사귀는 기업인

박상윤 사장은 바이어들과 활발하게 무역 비즈니스를 하는 중에도 국내 외 화가와 갤러리 관계자들을 만나서 교류하며 사귀는 것을 유난히 좋아 한다. 그는 틈만 나면 미술사, 미학, 미술 에세이 등에 관련된 책을 구해서 공부한다. 서양화는 물론, 한국화에 대해서도 집중적으로 공부한다. 작가 의 화풍 및 미술시장의 동향에 대한 정보도 수집한다. 이러한 노력에 힘입 어 최근 한국 화가의 작품을 중국의 컬렉터들에게 판매하는 일이 많아지 고 있다. 최근 새롭게 단장한 사무실은 소위 '오피스 갤러리'로 꾸몄다. 사 무실로도 쓰는 신개념의 화랑을 동시에 운영하기 시작했다.

그는 2019년 3월에 '상해한국상회(한국인회) 회장'에 취임하면서 임정 100주년을 맞이하여 상해한국상회사무국을 리노베이션한 후 교민 소통 의 공간으로 꾸미겠다고 약속했다. 중국에 진출한 한국 기업과 상해 거 주 교민들을 위해 한국상회사무국 사무실을 열린 공간으로 꾸몄다. 그 는 열린 공간에서 강의와 세미나, 음악회, 미술 전시회, 워크숍 등 다양 한 문화 행사를 개최할 계획이다.

그는 두 권의 책을 출간한 작가다. 창업 후 틈틈이 써온 경영 칼럼을 모아서 《선한 영향력》이라는 책과, 문학 에세이집인 《나는 한 살이다》 를 출간했다. 그는 글쓰기를 좋아한다. 거의 매일 글을 쓴다. 때로는 일 기 형식으로, 때로는 수필 형식으로 글을 쓴다. 언젠가는 미술 에세이를 출간할 생각이다. 그의 미술에 대한 열정과 노력을 아는 까닭에 그가 쓸 세 번째 책이 벌써부터 기대된다.

이렇게 다양한 모습을 보여주는 박상윤 사장을 한마디로 소개한다

2018년 상해아트페어 윤아르떼 부스 앞에서

면, 냉철한 두뇌와 따뜻한 가슴을 지닌 경영자라고 말할 수 있다. 이유는 비전과 나눔을 아는 창조적 지식인이기 때문이다.

MBC 장학퀴즈 시청이 SK그룹 입사로 이어져

박 사장은 1988년에 전북대학교 무역학과를 졸업하자마자 SK케미칼(주) ('선경합섬'의 후신)에 입사했다. 어렸을 때 MBC 방송의 〈장학퀴즈〉를 즐겨 시청했는데 광고주였던 SK그룹의 공익 광고를 보면서 호감을 품었다고 한다. 그런 회사에 입사하게 되자 '사무실에 가장 먼저 출근하는 사람이 되겠다'고 다짐했다.

서울 본사에서 근무하던 5년여 동안 하루도 빠지지 않고 오전 7시 30분에 출근했다. 출근 시간은 오전 9시였다. 일찍 출근해서 자기계발에 힘썼다. 매일 하루 1시간 30분 정도 외국어를 공부했다. 입사 첫해에는 영어 회화를 공부했다. 입사할 때 영어 성적이 우수해서 수출팀에 배속됐지만, 영어를 더 능숙하게 구사하기 위해서 실무 영어 회화의 공부에 매달렸다. 입사 2년째부터는 매일 아침 일본어 선생님을 회사로 모셔서 꼬박 3년 동안 일본어 회화 공부를 했다. 이러한 노력에 힘입어 1991년부터는 일본 종합상사 바이어들과 일본어로 자유롭게 의사소통하며 업무를 수행할 수 있게 됐다. 한국과 중국이 수교를 한 1992년부터는 중국어 공부를 시작했다. 이후 2년 반 정도 공부를 했다.

　당시 그가 살던 집은 경기도 고양군 벽제읍에 있었다. 회사에 7시 30분에 도착하려면 적어도 새벽 5시에는 일어나야 했다. 집에서 회사까지 출근하는 과정은 다음과 같았다. 집에서 나와 10분 정도 걸어서 버스 정류장에 도착 ~ 버스를 타고 30분 정도 후 구파발역에 도착 ~ 그곳에서 다시 충무로역까지 지하철을 갈아타기. 회식 때문에 만취해서 새벽 2시에 귀가해도 어김없이 새벽 5시에 일어나 같은 시간에 출근했다. 심지어 밤 12시 넘어서까지 야근하고 퇴근하던 날 폭설이 내려서 새벽 3시 넘어서 귀가했지만 어김없이 5시에 일어나 7시 30분까지 회사에 출근했다.

　당시 회사 사무실은 규모가 꽤 크고 직원도 많았다. 직급이 높은 사람일수록 출근도 일찍 했다. 회사 사장님도 이른 시간에 출근했다. 층이 달라서 만날 일은 거의 없었지만 한 달에 2~3회씩 아침 일찍 전 부서를 둘러보곤 했다. 그럴 때면 가장 먼저 출근해서 공부를 하고 있는 그에게 와서 "뭘 하는 중이냐?"고 물었다. 그는 "중국어 공부를 하고 있습니다."

고 답했다. 이 인연으로 1994년 여름에 회사에서 파견하는 중국어 연수생으로 선정됐다.

회사의 지원으로 1년 동안 북경에서 중국어를 배웠다. 중국어를 잘했던 그는 1996년부터 2000년까지 SK케미칼(주) 상해 주재원과 사무소 소장직을 수행했다. 2000년부터 2004년까지 SK케미칼(주)과 삼양사(주)가 50:50 지분으로 합병한 휴비스(주) 상해지사장을 지냈다.

박 사장은 사천휴비스화섬유한공사의 총경리(2005~2007)로 일하기도 했는데 이때 상해 복단대학교의 최고경영자 과정인 EMBA(2년)에 입학했다. 학생(60명)의 대부분이 중국과 대만 출신이었다. 한국인은 그가 유일했다. 이때 경영 전반에 대해 체계적으로 배울 수 있었다. 다만 논문을 써야 하는 학기에 한국 본사로 인사 발령이 나는 바람에 석사 학위를 받지 못하고 수료만했다.

지방대 출신인 그가 1994년 9월부터 오늘날까지 중국통으로 살 수 있었던 것은 아침 일찍 일어나서 자기계발에 매진했기 때문이다. 무슨 일이 있어도 자신과의 약속을 철저하게 지키려고 무진 애를 썼기 때문이고, 그 결과 새로운 인생을 살 수 있었다.

11년 6개월 동안의 주재원과 법인장 생활을 마친 뒤 본사 글로벌사업본부장으로 부임해서 한국으로 들어왔다. 그러나 6개월가량 근무한 뒤 창업을 하기 위해 사직했다.

자신의 약점을 보완해 경쟁력 갖춘 샐러리맨으로 태어나

그는 한국전쟁이 끝나던 시절에 초등학교를 졸업한 뒤 독학으로 전매청

(현재 KT&G) 공무원이 된 아버지 박태출과 어머니 이삼순 사이에서 2남 2녀 중 막내아들로 태어났다. 고향 익산에서는 제왕절개 수술을 할 수 있는 병원이 없었던 탓인지 그는 어머니 뱃속에서 장장 12개월 만에 태어났다. 이 때문에 또래 아이들에 비해 몸무게가 많이 나갔다. 어렸을 때 그의 별명은 '보리 뚱뚱이'이었다. 초등학교 운동회 때 달리기를 하면 항상 꼴등이었다. 어렸을 때부터 놀림을 많이 당했다. 고등학교 들어가서 농구에 열중했다. 운동을 하니까 살도 빠지고 키도 훌쩍 자랐다.

어려서는 조부모와 부모, 그리고 결혼하지 않는 삼촌과 고모 등 대가족이 함께 살았다. 할아버지는 전북 익산시 평화동에서 쌀가게를 운영하셨다. 농촌에서 쌀을 수매하여 서울 등 대도시로 도매 값으로 내다팔았다. 그의 집은 평야지대에 자리 잡고 있었지만 근처에 호남선이 지나고 있어서 쌀을 수도권으로 유통하기에도 좋은 여건이었다. 그의 부친은 전매청에 근무하였는데 부안과 신태인, 정읍, 익산 지점장을 지내고 정년퇴임했다. 이후 공인중개사 자격증을 따서 왕성한 활동을 하고 있었다. 이처럼 대가족과 함께 부대끼며 보냈던 덕분에 원만한 성격을 형성할 수 있었을 뿐만 아니라 예의 바른 태도를 익힐 수 있었다. 어머니는 유머가 늘 넘쳤던 분이셨는데 당뇨병으로 12년 전에 세상을 떠났다.

미국 유학 떠난 자녀의 교육을 위해 창업

2007년 여름, 회사 발령으로 한국으로 귀국했다. 가족들을 상해에 남기고 혼자 들어왔다. 오랜만의 본사 생활은 낯설고 외로웠다. 아들과 딸이 고등학교 2학년과 중학교 2학년에서 각각 3학년이 되던 즈음이라 한국으로 전

선한 영향력으로 공생을 꿈꾸고, 심미안으로 예술을 지원하는 기업가

학하기가 여의치 않았다. 한국에서 근무 중이던 2007년 말에 아들이 미국 스탠퍼드대학교에 합격했다는 소식을 전해왔다. 뛸 듯이 기뻤으나 그것도 잠시, 걱정이 앞섰다. 당시 그의 월급으로는 미국 명문 사립 대학에 보내는 게 쉽지 않았기 때문이다. 스탠퍼드대학교의 1년 학비는 수업료, 기숙사비, 보험료를 포함하여 6만3천 달러를 넘었다. 당시 환율로 약 7천만 원이었다. 게다가 뒤이어 미국 유학을 준비하고 있는 딸까지 생각하면 앞이 캄캄했다.

그는 고민에 빠졌다. 계속해서 샐러리맨으로 생활한다면 아이들 유학 경비를 감당하기가 어려울 터였다. 만약 경비를 부담한다고 해도 가정 경제는 거의 포기해야 했다. 결국 그는 오랫동안 마음 한편에 품었던 사업가의 꿈을 펼쳐야겠다고 결심했다. 어쩌면 자녀들의 유학 경비를 벌기 위해서 창업을 한 셈이다.

2008년 상해에서 '상윤무역유한공사'를 설립했다. 회사 명칭에 자신의 이름을 넣은 데에는 사연이 있다. 6개 정도의 회사 명칭을 상해 공상국에 신청했는데 이미 등록된 이름이 있어서 안 된다는 답을 받았다. 어쩔 수 없이 자신의 이름을 넣었더니 법인을 등록할 수 있었다. 주저하지 않고 '상윤相潤'이라는 자기 이름을 넣었다. 그의 한자 이름은 '함께 윤택해지는 삶을 살아라'는 뜻의 서원誓願을 담고 있다. 이름을 지어주신 할아버지는 그가 어렸을 때부터 이름처럼 '서로 잘 사는 세상'을 위해서 살아야 한다고 당부하시곤 했다. 어찌되었건 회사명에 자신의 이름이 들어가게 되어서 기뻤다.

그는 창업할 때 '크게 생각을 하자'고 다짐했다. 자기 혼자 또는 자기 가족만 먹고사는 것에 만족하는 수준을 뛰어넘는 회사를 만들고 싶

상숙상윤방직유한공사의 생산 현장

었다. 하지만 미리 준비하지 않고 창업을 한 탓에 초기에는 많이 어려움을 겪었다. 무엇보다 무역 아이템을 찾기가 쉽지 않았다. 당시는 미국 발 금융위기가 본격화되던 시기라 더더욱 힘들었다. 전 직장에서 오랫동안 맡아오던 화학섬유나 원사 쪽은 얼씬도 하지 않았다. 그래서는 안 된다고 판단했다. 대신 직원들과 진지하게 소통하며 돌파구를 찾았다. 진심이 통했던지 무역 아이템과 바이어를 물색할 수 있었고 거래량이 크게 늘어났다.

한편으로 그는 무역업 외에 제조업에도 관심이 많았다. 직접 물품을 만들어보는 게 꿈이었다. 그 꿈은 의외로 빨리 찾아왔다. 당시 중국산 장갑용 원사를 한국의 장갑 생산 업체에 수출하고 있었는데, 한 고객사에서 합작으로 중국 현지에 장갑용 원사 공장을 세우자고 제안해왔다. 마침 잘 됐다는 생각이 들었고, 2013년에 50:50의 비율로 자본을 투자하여 중국 강소성 상숙시에 섬유 가공 공장인 상숙상윤방직유한공사를 설립했다. 운이 좋았던지 얼마 후 한국의 파트너 회사가 호주의 글로벌 업체에 인수합병됐다. 박 사장은 한국 파트너의 지분 50%를 모두 인수했다. 현재는 상윤무역의 순수 자회사로 운영하고 있다.

작가가 되기까지의 과정

이러한 박 사장이 예술 분야에 관심을 갖게 된 것은 우연이었다. 실은 '남을 도와주려고' 예술 분야에 관심을 갖게 되었는데, 결과적으로는 좋은 사업 아이템이 됐다. 이 일을 계기로 자신도 미처 깨닫지 못했던 예술적 성향이 잠재되어 있다는 사실을 발견했다.

앞서 얘기한 대로《선한 영향력》을 출간하자 대학 등에서 특강을 요청해왔다. 그래서 2012년과 2013년에 상해의 한국 유학생을 대상으로 특강을 여러 번 했다. 이 인연으로 교통대학의 한국유학생회가 체육대회를 할 때 후원을 좀 했다. 이들이 후원에 감사하다면서 회사를 찾아온 적이 있다. 박 사장은 학생들에게 꿈이 무엇이냐고 물었고, 예술경영을 전공하는 한 학생이 "앞으로 한중 미술 교류의 교량 역할을 하고 싶다."고 당돌하게 대답했다. 박 사장은 대화를 이어가기 위해서 혹은 흥미로워서 "내가 그 꿈을 사고 싶다."고 말했다. 그런데 2014년 초에 대학을 졸업한 바로 그 학생이 박 사장을 찾아와서 그의 회사에 취직시켜 달라고 당돌하게 부탁해왔다. 그는 미술과 관련된 일을 한 적이 없었지만, 자신의 말에 책임을 질 수밖에 없었다. 그를 직원으로 채용하고 "월급 받으면서 회사의 이익을 창출하지 않아도 좋으니 너의 꿈을 위해 노력하라."라고 당부했다.

회사 설립 후 5년 반이 지났을 무렵, 연 매출액이 400억 원을 넘어섰다. 회사가 안정적으로 자리를 잡았다. 그는 창업할 때부터 컴퓨터에 '위대한 CEO 일기'라는 폴더를 만들어서 그곳에 매일 쓴 글을 저장했다. 언젠가는 중국에서 자신이 경험한 것을 책으로 출간하여 청년들에게 용기와 열정, 지혜를 나누어 주고 싶었다.

2013년 5월부터는 글쓰기 모임에 나가기 시작했다. 상해에 사는 교민 10여 명이 만든 모임인데 처음부터 함께했다. 회원들은 열심히 글쓰기를 익혀서 연말에 각자 책 한 권씩 내자고 약속했다. 이렇게 글쓰기를 시작한 박 사장은 회원 중 유일하게 그해 11월에 기업 경영에 대한 생각을 담은 자전적 에세이인《선한 영향력》을 출간했다. 그때는 마침 조정

선한 영향력으로 공생을 꿈꾸고, 심미안으로 예술을 지원하는 기업가

2013년 11월에 출간한 《선한 영향력》의 출판 기념 저자와의 대화에 참석한 모습

래 선생의 소설 《정글만리》가 베스트셀러로 시중에서 회자되고 있었다. 박 사장은 마치 자신이 소설 속의 주인공처럼 느껴졌다. 소설은 주인공이 중국 주재원 생활을 마치고 창업을 하면서 끝을 맺는다. 이후 주인공은 어떻게 되었을까? 작가는 소설에서 더는 말하지 않았다. 박 사장은 주인공이 창업 이후에 어떻게 되었을지 상상하며 이야기하는 기분으로 책을 썼다.

이 책에는 그의 경영 철학이 고스란히 담겨 있다. 요점은 '선한 영향력'과 '감사하는 마음'이다. 기업을 둘러싸고 이해관계자, 특히 직원이나 고객과 일을 하는 과정에서 착한 마음 또는 선함을 나누는 방식에 대해서 서술했다. 서로에게 좋은 영향, 선한 영향력을 나눠주면 함께 성장할 수 있다는 것이다. 더불어 늘 감사하는 마음으로 회사를 경영해야 하며, 특히 직원들에게 감사하는 마음을 가져야 한다는 것을 강조했다. 나아가 고객과 협력 업체 모두에게 감사하는 마음으로 대해야 한다는 것이다. 기본적으로 감사하는 마음으로 일을 하면 서로 성장하고 발전한다는 사실을 일깨워주고 싶었다.

책 홍보가 계기가 되어 다양한 예술가와 인연 맺어

책을 출간한 후 출간 소식을 페이스북에 게재했더니 많은 페친이 관심을 보였다. 독후감을 써서 페이스북에 올리거나 책 사진을 들고 인증샷을 찍어 공유하는 페친이 상당히 많았다. 그들과 자연스럽게 교류하게 되었다.

그러던 중 독자들 가운데 나전칠기 공예예술가 김영준 작가가 2014년 11월 초 상해에서 개최되는 '상하이 아트페어' 전시에 참가하고 싶다며

선한 영향력으로 공생을 꿈꾸고, 심미안으로 예술을 지원하는 기업가

도움을 줄 수 있는지를 물어왔다. 그는 선뜻 부스비용 1천만 원을 들여서 김영준 작가와 또다른 회화 작가 김소희의 작품을 전시해주었다. 이때 바로 옆 부스에 있던 한국 평면 회화 작가인 김남호도 만나게 됐다. 김 작가도 그에게 도움을 청했다. 그는 미술경영을 전담하는 직원과 함께 최선을 다해서 도와줬다. 이 인연으로 작가들과도 지속적으로 교류하게 되었고 국내에서 활동하는 다양한 젊은 작가들과 인연을 맺게 됐다.

전성진 전주MBC 사장과의 만남은 예술에 관심을 갖게 된 계기가 되었다. 전 사장은 2014년 1월 초 상해에 와서 '전주MBC 창립 50주년 기념 한국 미술 작가 4인전'을 개최하자고 제안했다. 그는 고향에서 온 언론사 사장의 부탁을 흔쾌히 수락했고, 이듬해 1월 상해 전시회는 성공리에 개최됐다. 두 번에 걸친 미술 전시에 참가했던 작가들과 대화를 나누는 과정에서 박 사장은 한국의 예술가들 역시 중국 미술시장에 진출하고 싶어 하는 열망이 크다는 사실을 깨달았다. 누군가는 한국의 미술 작품을 중국에 소개하고 판매하는 일을 해야만 한다는 당위성 같은 걸 많이 느낄 수 있었다. 그동안 한국 제품을 중국에 팔아온 일을 해온 사람으로서, 한국 미술 작품도 중국 시장에 알리고 판매하는 일을 할 수 있지 않을까 생각하기 시작했다.

결국 2015년 초에 상해에 330평방미터(110평) 규모의 갤러리 '윤아르떼'를 오픈했다. 큐레이터 2명과 대학생 인턴 2명의 인력으로 운영을 시작했다. 3년간 갤러리를 운영하면서 한국 작가 30명의 전시회를 개최했다. 윤상윤, 김영미, 강철기 등 다수의 중견작가의 개인전과 2인전 등을 진행했다. 또한 청년 작가전을 포함하여 다수의 단체전 전시를 진행했다. 이 기간에 판매된 그림은 100여 점이었다. 그는 미술 작품 전시 업무가 자신의 성격에 아주 잘 맞는다고 생각했다. 자신의 성향이 예술적인 일에 잘 맞는다는 것을 깨달으면서 미술 공부에 매진했다. 우연히 한·중 미술 교류의 꿈을 가진 유학생을 도와주기 위해서, 나아가 한국 미술 작가를 돕기 위해서 시작한 것이 본격적인 예술 사업으로 이어지게 되었던 것이다.

무역-제조는 후임자에 맡기고 갤러리에 전념

박 사장은 어떤 분야에 관심을 가질 경우 자신도 두려울 정도로 무섭게 빠져드는 성향을 보인다. 그만큼 집념이 강하다. 박 사장은 예전에 다녔던 회사의 후배를 스카우트해서 무역 회사의 경영 전권을 맡겼다. 억대 연봉을 줄 정도로 파격적으로 대우해줬다. 특수장갑용 원사 제조 공장은 현지인들 가운데 당찬 여성을 발탁하여 회사 경영을 맡겼다. 그는 대신 갤러리 운영에 뛰어들었다. 모든 것이 잘 굴러가는 듯했다. 그러나 "믿는 도끼에 발등 찍힌다."는 속담 같은 일이 그에게 발생했다. 무역 회사를 맡아서 경영하던 후배가 회사의 부하 직원과 공모하여 회사의 자금 수억 원을 자신의 별도 계좌로 이체해놓고 일부 직원들과 규합해 새로운 회사를 창업하려 한다는 소문이 들렸다. 당장 상황을 파악해보니 사실이었다.

이들이 이런 파렴치한 일을 벌일 수 있었던 것은, 박 사장이 창업 때부터 회계 업무를 맡겼던, 믿을 수 있는 여직원이 유방암에 걸려서 치료와 요양 때문에 자리를 비울 때가 많았기 때문이었다. 여직원 대신 출납 업무를 맡았던 직원을 매수하여 공모한 것이다. 그는 당장 그들을 해고했고, 회사에 막대한 손실을 끼친 후배를 중국 사법 당국에 고소할 생각

선한 영향력으로 공생을 꿈꾸고, 심미안으로 예술을 지원하는 기업가

2016년 5월 윤아르떼 전시회 오프닝 모습

창립 10주년을 맞아 2019년 3월 30일 경주를 방문한 박 사장과 회사 직원들

을 했지만 결국 깨끗이 잊기로 했다. 남의 나라에 와서 회사 내부 문제로 중국 사법 당국에 고발한다는 것이 온당치 않다고 여겨졌다.

2017년 9월, 갤러리 '윤아르떼'를 정리하고 무역 회사의 경영에 다시 전념했다. 그를 따르던 직원들 가운데 일부는 퇴사했지만, 남아 있는 직원들과 합심하여 회사 정상화를 위해 노력했다. 직원들도 그의 본심을 알고 예전보다 더 열심히 일했다. 회사는 다시 안정을 찾아서 성장세로 반전되어 현금흐름도 좋아지고 이익도 창출하기 시작했다.

상해상윤무역유한공사의 영업집조(한국의 사업자등록증에 해당됨) 발행일은 2008년 3월 30일이다. 창업 4주년이 되던 2012년 3월 30일 전 직원을 데리고 제주도로 여행을 다녀왔다. 그 후 매년 3월 말에는 전 직원과 워크숍 겸 해외여행을 다녀온다. 2013년에는 서울과 전주를, 2014년 캄보디아 앙코르와트를, 2015년에는 태국 푸껫을, 2016년에는 일본 오키나와를, 2017년에는 홍콩과 마카오를, 2018년에는 인도네시아 발리를, 2019년에는 경주, 통영, 거제도, 부산을 다녀왔다. 창업 이후의 11년간을 뒤돌아보면 첫 5년은 급성장세, 이은 5년은 정체 및 쇠퇴기, 10년을 넘기고 11년째를 넘기면서 회사는 다시 상승세를 타고 있다.

현대미술을 선호하는 중국에 한국 작가를 알려라

중국의 미술시장은 전통적으로 수묵화(중국화)에 대한 인기가 주류를 이루었다. 최근 서양화에 대한 선호도가 높아지면서 북경과 상해 등 대도시를 중심으로 현대미술 작품들이 인기를 끌고 있지만, 여전히 한국 화가에 대한 인지도는 미미하다. 이에는 두 가지 이유를 들 수 있는데 하나는 한국

선한 영향력으로 공생을 꿈꾸고, 심미안으로 예술을 지원하는 기업가

도예가 신경균 '달항아리 전시회', 2018년 3월 주상하이 한국문화원

화가의 작품이 중국 시장에 소개된 지 얼마 되지 않았다는 것이고 또 다른 하나는 국가 브랜드 파워에서 차이가 있다는 것이다. 중국의 미술 컬렉터들은 자국의 작품이나 서양 작품을 컬렉팅하는 것을 선호한다.

이러한 상황에서 박 사장이 상해에 갤러리를 오픈했다는 소식이 한국에 알려지자 한국 내의 유명 갤러리들이 그에게 손을 내밀었다. 대표적으로 조선일보 미술관에서 한국의 미술 작가와 도예가의 작품을 상해에서 전시할 수 있는지를 타진해왔다. 그는 조선일보 미술관과 협력하여 상해한국문화원에서 달항아리 도예가 신경균 개인전을 2018년 3월에 열 수 있도록 지원했다. 이런 협업을 통해 다양한 미술 전시를 기획·진행하였고 작품도 판매하였다. 앞서 얘기한 바와 같다.

박 사장은 한국의 청년 화가들이 경제적으로 궁핍하다는 사실을 알고 외면할 수 없어서 자비를 지원했다. 창작열 하나만큼은 타의 추종을 불허할 정도로 대단한 청년 화가들이 생활비 때문에 작품 활동을 중단하는 사례를 접하고 너무 가슴이 아팠기 때문이다. 이에 청년 화가 13명이 상해에서 3개월 정도 체류하면서 중국의 이색 문화를 체험할 수 있도록 일정 금액의 숙식과 생활비를 제공하는 프로젝트를 추진했다. 이주리, 서완호, 김지현, 양나희 작가 등이 이 혜택을 받았다. 프로젝트에 참여한 청년 화가들은 외부와의 연락이 차단된 공간에서 집중적으로 그림을 그릴 수 있어서 좋았다는 평가를 내놨다. 특히 김지현 작가와 이태랑 작가에게는 작품을 구매해주거나 창작비용을 각각 지원하기도 했다. 또 뮤지컬 배우 최윤이 상해에서 한국 뮤지컬 공연 사업을 위해 노력하는 모습을 보고 그가 상해에서 사업을 할 수 있도록 경제적으로 지원했다.

선한 영향력으로 공생을 꿈꾸고, 심미안으로 예술을 지원하는 기업가

각종 예술 지원 활동

한국인 소설가와 시인 등 작가들을 비롯한 유명 강사를 자비로 초청해 상해에 거주하는 한인과 중국인을 대상으로 30여 회에 걸쳐 '인문학 강좌'를 실시했다. 소설가 정도상과 이광재, 소설가이자 번역가인 배수아, 그리고 시인 김용택, 안도현, 손세실리아, 이정록, 손택수 등이 상해로 와서 강의를 했다. 이들의 특강을 위해 왕복 비행기 요금과 숙박비를 포함하여 초청비 전액을 부담했다. 참석 인원은 대중적인 인지도에 따라서 많게는 100명, 적을 때는 30명 정도였다. 청중의 대부분이 상해에 거주하는 한국인과 조선족 교포였고 한국어를 공부하는 중국인도 간혹 참석했다. 유명 한국 작가들을 초청하여 무료로 강의했기 때문에 문학을 좋아하는 청중으로부터 호평을 받았다.

이 밖에도 판소리 명창들이 중국 상해에서 공연을 하고 싶어 해서 판소리 공연도 몇 번 열었다. 판소리 공연은 어린 시절부터 귀에 익숙하게 들으며 성장했기 때문에 낯설지 않았다. 뿐만 아니라 클래식 음악가들이 상해 공연을 희망할 경우 공연을 기획하여 장소를 제공하고 관람객을 초청하는 일을 전담했다. 갤러리 운영 경비의 대부분은 박 사장의 호주머니에서 충당했다. 경제적으로는 적자를 봤지만, 한국의 작가와 예술가들에게 의미 있는 도움을 주었다는 측면에서 박 사장 자신이 가장 큰 이익을 봤다고 생각하고 있다.

동초제 흥보가를 열창하고 있는 차복순 명창, 2017년 12월 주상하이 한국문화원

복효근 시인 초청 강연(2017년 1월)

바리톤 박홍우 교수, 피아니스트 금혜성 교수, 윤아르떼 연주회를 마치고

조선족 교포들에게 다양한 재능 기부 봉사 활동 펼쳐

박 사장은 기업 활동으로 바쁜 일정을 보내면서도 다양한 영역에서 재능 기부를 했다.

첫째, 중국에 유학 온 한국 학생들을 대상으로 재능 기부로 멘토링 강의를 했다. 2012년 9월 상해한국문화원에서 개최된 '한국 대학생멘토링 강의'에서 150명을 대상으로 창업을 주제로 강의했다. 2013년에도 세 차례(상해 교통대학, 동화대학, 상해대학)에서 특강을 했다. 그해 12월에는 북경 주중 한국문화원에서 200명의 청년을 대상으로 '청년 드림-중국 창업 세미나'에서 특강을 했다. 2013년부터 해마다 세계한인무역협회가 주최하는 차세대 무역스쿨에서 청년과 한국 대학생들을 대상으로 강의를 했다. 이외에도 전북대 상과대학(2013)과 전북대 무역학과(2014), 한남대(2017) 학생들을 대상으로 멘토링 강의를 무료로 실시했다.

둘째, 그는 2014년부터 2017년까지 교민과 조선족들을 대상으로 글쓰기 동아리를 결성·운영했다. 우석대학교에서 글쓰기 강의를 하는 이재규 교수가 2013년에 1년 동안 상해에 머물면서 '작가의 방'을 개설하여 글쓰기 모임을 지도해줬던 인연으로 독서 동아리를 만들게 됐다. 그는 2014년부터 2017년 말까지 4년 동안 글쓰기 동아리를 주도적으로 운영했다. 국적에 상관없이 글쓰기 습관을 길러주기 위해 매일 실천할 수 있도록 도와줬다.

셋째, 상해에 있는 '두레마을 한국도서관'을 위해 1년 남짓 봉사 활동을 했다. 상해 한인촌에 있는 이 도서관에 신간 도서 100권과 그가 집필한 책 50권을 기증한 것이 인연이 되어 2013년 두레마을 도서관 송년회에 초대받았다. 이때 1년간 두레마을 도서관의 운영위원장으로 봉사해달라는 부탁을 받았다. 흔쾌히 수락하고 도서관 봉사자로서 활동하다 보니 재정이 어려운 점을 알게 되어 1년간 도서관의 임차료를 대신 내줬다.

넷째, 한인과 조선족 청년들에게 독서문화를 전파하기 위해 리더스 독서클럽을 만들었다. 그가 2014년 전주 '리더스 독서클럽'으로부터 초청을 받아서 강연을 했는데, 이때 좋은 인상을 받았다. 이를 계기로 상해에서 독서클럽을 개설했다. 그 해에 모두 118권의 책을 읽었다. 상해 리더스 독서클럽은 지금까지 매주 토요일 오전에 모임을 하고 있는데, 재적 회원 100명 가운데 10여 명이 꾸준히 참석하고 있다. 그는 서울과 전주, 인천 등지의 한국독서클럽에서 무료 멘토링 강의를 했다.

다섯째, 미술 전시회의 기획, 진행 등을 무료로 봉사했다. 제주에서 활동하는 김남호 미술 작가의 용암동굴 전시회를 2017년 4월 월드옥타 제주대회 기간에 맞추어 개최할 것을 제안하고 지원도 했다. 전시 기간에 팔린 작품의 대금을 자신에게는 단돈 1원도 남기지 않고 모두 김 작가에게 줬다. 이외에도 그는 2019년 6월 3일부터 상해 장안사에서 금사경(金寫經: 아교풀에 갠 금가루로 베껴서 쓴 경전)의 외길을 걷고 있는 김경호 화백의 작품 전시회도 개최했다.

부지런함은 대를 잇는다

박상윤 사장은 아내 조정원(54)과의 사이에 아들과 딸을 두고 있다. 아들 박완진(29)은 스탠포드대학교에 입학하여 4년 반 만에 학부 과정과 대학원을 마쳤다. 학부에서는 경제학을, 석사 과정에서는 경영과학 엔지니어

아들의 스탠포드대학교 졸업식

딸의 졸업식, 서울대학교 의과대학

링을 각각 전공했다. 한국어와 중국어와 영어 등 3개 국어를 구사하는 아들은 대학 3학년을 마치고 모건스탠리 홍콩법인에서 인턴 생활을 했다. 졸업 후 모건스탠리에 2년간 근무한 뒤 현재는 글로벌 투자 회사인 베인캐피털 홍콩법인에서 이사로 재직하고 있다. 딸 박연정(26)은 상해에서 고등학교를 졸업한 후 미국의 유펜대학교 이과 계열로 진학하여 1학년을 마친 뒤 다시 서울대학교 의과대학에 입학했다. 예과 1학년에 입학하여 6년 과정을 마쳤다. 의대를 졸업하여 앞으로 의사로서의 삶을 살아갈 예정이다.

박 사장은 자신의 아버지에게 늘 감사함을 느낀다고 말한다. 열정을 가지고 삶을 긍정적으로 사시는 모범을 자식들과 후세들에게 보여주셨기 때문이다. 현재 80세가 넘으셨지만 여전히 왕성하게 노년을 즐기면서 공인중개사로도 활동하고 있다. 박 사장이 건강한 체력을 유지하는 것도 아버지로부터 물려받은 좋은 유전자 덕분이라고 말한다. 부지런한 태도로 삶을 살아온 것도 어려서부터 아버지의 근면한 모습을 보고 익힌 덕분이라고 여긴다. 아버지의 근면함이 담긴 유전자가 자신을 거쳐서 아들과 딸에게 전달되어, 자식들이 모두 자발적으로 공부를 해서 명문 대학을 졸업했다고 생각하고 있다. 남보다 아침을 일찍 시작하는 삶의 태도가 아버지에게서 물려받은 '근면'이라는 큰 자산에서 비롯되었다고 본다. 그는 자신의 아들과 딸에게 근면과 열정 등의 콘텐츠를 더 많이 물려주고 싶다. 아니 벌써 물려주었는지도 모른다.

출생	전북 익산(1963)
학력	전북대학교 무역학과 졸업(1981)
	복단대학 EMBA 수료(2007)
	북경어언대학 중국어 연수(2004. 9.~2005. 6.)
이주 연도	1996년 중국 상해
회사 연혁	상해상윤무역유한공사 창업(2008)
	상숙상윤방직유한공사 창업(2013)
	상해상윤예술품유한공사 창업(2015) 갤러리 윤아르떼
주요 경력	SK케미컬 입사(1988~1995)
	SK케미컬 상해사무소장(1996~2000)
	(주)휴비스 상해지사장(2000~2004)
	사천휴비스화섬유한공사 총경리(2005~2007)
	휴비스글로벌사업본부장(2007~2008)
	상해상윤무역유한공사 설립(2008)
	상숙상윤방직유한공사 설립(2013)
	상해상윤예술품유한공사 설립(2015)
	세계한인무역협회 상해 차세대위원장(2013~2015)
	세계한인무역협회 상해지회 이사장(2015~2017)
	세계한인무역협회 상해지회장(2017~현재)
주요 봉사 활동	1. 한국문화를 상해 한인 커뮤니티 또는 중국인 커뮤니티에 소개
	-한국인 소설가와 시인, 저자, 유명한 강사를 자비로 초청 강연(30회)
	-한국의 판소리 명창, 전통 국악인, 연극인을 초청하여 상해 교민과 중국인을 대상으로 공연
	-한국인 클래식 상해 공연: 교민 및 중국인 관람 기회 제공
	2. 중국 유학 한국 학생들에게 재능 기부로 멘토링 강의(북경, 상해 등)
	3. 상해 한인 두레마을 도서관 운영위원장 봉사(한국 신간 150권 기부)
	4. 2014년 리더스독서클럽을 만들어 교민-조선족 청년에게 독서문화 전파
	5. 2014~2017년 글쓰기 동아리 운영. 교민-조선족에게 글쓰기문화 전파
	6. 갤러리 윤아르떼를 운영하면서 한국 작가 30명 개인전 개최
	7. 상해한국문화원에서 달항아리 도예가 신경균 개인전 지원(2018.3)
	8. 한국 청년 화가 13명, 3개월 상해 초청(숙식비 제공)
	9. 한국 청년 뮤지컬 배우 최윤 지원(900만 원)
	10. 한국 대학생에게 멘토링 무료 강의(한남대학교, 2017)
	11. 한국독서클럽 무료 멘토링 강의(서울, 전주, 인천 등)
	12. 제주도 용암동굴 화가 김남호의 미술 전시회를 무료로 기획 및 진행

선한 영향력으로 공생을 꿈꾸고, 심미안으로 예술을 지원하는 기업가

사회공헌 활동	1. 상해 한인 도서관의 임차료를 1년간(2014) 제공(1400만 원)
	2. 한국 청년 화가 3명에게 4개월 월 1백만 원씩 제공(1200만 원)
	3. 생활이 어려운 청년 화가 김지현에게 1200만 원 지원(2014)
	4. 생활이 어려운 중년 작가 이태랑에게 900만 원 지원(2016)
	5. 상해 총밍다오의 빈곤 학생 지원(2001~2002)
	6. 자공시 장애인 대학생, 사천대학 1, 2학년 입학금- 수업료 지원(2005)
	7. 자공시 빈곤 대학생(판즈화 학생) 1학년 입학금-수업료 지원(2005)
	8. 자공시 고2 쌍둥이 자매 학자금 지원(2006)
경영 철학	선한 영향력을 나누는 것이 기업철학의 근간이라고 믿고 있다. 개인의 삶도 회사 경영도 마찬가지다. 직원과 고객, 협력 업체와 사회 등 모든 주변과 더불어 선한 영향력을 나누는 것이 영구히 존속한다는 것을 실천
수상 실적	1. 중국 사천성 자공시에서 명예시민증 수여(2007)
	2. 대한무역진흥공사(KOTRA) 사장 표창(2018)

최분도 PTV그룹 회장
(베트남)

외국 정부를 상대로
제도 개선을 이뤄내
대한민국의 경제 영토를 넓히다

베트남 호치민에서 창업한 PTV그룹 최분도 회장(53)은 이주 17년 만에 3개의 계열사를 둔 기업가로 성장했다. PTV그룹은 해상과 항공, 운송 및 통관, 물류 컨설팅을 제공하는 종합물류업으로 시작하여 이주화물과 보험대리점을 비롯하여 각종 산업 자재 및 소비재 등의 무역 및 유통업 등으로 사업 영역을 확대하고 있다. 그는 복잡한 통관 서비스에서 틈새시장을 공략하는 방향으로 사업 영역을 확장해왔다. 수출입의 통관 절차가 까다롭기로 유명한 베트남에서 통관의 모든 과정을 원스톱 서비스로 제공할 뿐만 아니라, 통관 과정의 예측성을 분석·제시함으로써 기업의 수익을 개선해주는 소위 물류 컨설팅 서비스를 최초로 도입했다. 이는 내부적으로는 직원들에게 숱한 교육과 새로운 통관 서비스의 경험을 터득하는 기회를 제공함과 동시에 외부적으로는 고객사의 전반적 물류 업무를 책임지고 수행함으로써 신뢰를 받았기 때문에 가능했다.

최 회장은 후진적인 물류 서비스를 개선하기 위해 베트남 정부를 상대로 통관 규정을 바꿔달라고 수없이 요청했다. 정부 담당자들은 시큰둥한 반응을 보였다. 그러나 포기하지 않고 성심을 다해서 관료를 상대로 설득에 나섰다. 특히 인하대학교에 기부금 2억 원을 출연한 뒤 이를 계기로 베트남 세관 공무원 1명의 석사 과정 등록금을 매학기 추가 조달하는 방안을 마련하여 베트남 정부에 선진 물류 통관 시스템을 배울 수 있는 기회를 제공했다. 베트남 정부는 그의 충심을 받아들였고 세관 공무원을 인하대 물류대학원에 입학할 수 있도록 허용했다. 이 과정을 수료한 세관 공무원들이 베트남으로 귀국하여 그의 든든한 동반자가 되었다. 그는 통관 및 물류-보험, 유통 서비스를 전담하는 계열사 3개를 잇달아 설립했다. 베트남의 3차 서비스 산업에서 유일하게 정착한 한국기업이 PTV그룹이라고 할 수 있다.

베트남 시장 조사 및 평가 회사인 〈베트남 리포트〉가 2013년 발표한 '500대 고속 성장 중소기업' 중에서 PTV그룹이 43위에 선정됐다는 사실만 봐도 최 회장의 성공을 알 수 있다. 이러한 공로를 높이 평가받아, 2018 장보고한상 어워드 공모에서 산업자원통상부 장관상 수상자로 선정되었다. 〈편집자 주〉

대학을 졸업하자마자 소방 설비 해외 영업에 나서

최 회장은 청년 시절에 샐러리맨으로 출발했다. 대학교 4학년 때 국내 소방 설비 및 소방 제조 1위 기업인 P사에 특채됐던 그는 1993년 10월부터 베트남 지역을 대상으로 해외 영업을 시작했다. 그러나 채 1년도 안 되어서 회사는 부도 처리되었다. 다른 회사로 이직해서 해외영업을 시작했으나 신통치 못했다.

결국 1995년에 1인 기업으로 창업했다. 창업한 지 얼마 안 되어서 운이 좋게도 베트남 국영 석유개발공사인 '페트로 베트남'에 소방 설비 및 안전 장비, 해상용 로프 등을 공급하게 되었다. 든든한 거래처를 잡았다고 생각했는데, 그 행운은 오래가지 못했다. 국내 소방 제조 기업에서 생산한 물품을 납품받아서 해외 바이어에게 넘겨주고 무역수수료를 받는 것이 수익의 대부분이었다. 1997년 IMF사태가 터지면서 소방 설비 제품의 원자재 대부분이 해외에서 들여와야 했기 때문에 민감한 국제정세에 따라 자재 단가가 요동을 쳤다. 소액으로 창업한 탓에 환율 변동이 심할 때에는 맞출 수가 없었다. 가격에 민감한 해외 바이어들을 붙잡을 수 있는 카드가 그에게는 없었다.

근근이 버티고 있었던 상황에서 설상가상으로 1999년 둘째 아이를 임신한 아내가 암에 걸렸다는 판정을 받았다. 임신 7개월이었던 아내는 태중의 아이를 낳아야 한다고 고집하여 임신한 상태에서 암 제거 수술을 받았다. 태중의 아이는 암 수술의 후유증으로 조산했다. 다행히 수술은 잘 끝났고, 둘째 아이는 한 달 남짓 영·유아 중환자실에서 지내야 했다. 아내는 출산 후 본격적인 항암 치료를 받았다. 최분도 회장은 아내와 아이를 간호해야 하는 어려운 상황에서 역시 어려운 회사도 경영해야만 했다. 시간이 흐를수록 매출이 눈에 띄게 떨어졌다. 기업 운영도 힘에 부치고 가족을 간호하는 것도 더는 감당하기 어려웠다.

더는 미래에 대한 희망이 없는 상황이었다. 고심 끝에 새로운 곳으로 옮겨서 밑바닥부터 다시 시작해보자고 결심했다. 그는 1만 달러만을 들고 2002년 10월 베트남 호치민으로 이주했다. 그러나 체계적인 준비도 없이 베트남에 이주했던 탓에 의식주의 해결이 급선무였다.

베트남에서 착수했던 사업은 역시 한국에서 소방 설비와 안전 장비를 수입하여 유통하는 것이었다. 공교롭게도 이듬해 2003년부터 베트남에 물밀듯이 밀려들어오는 중국산 소방 설비의 저가 공세를 이겨낼 수 없었다. 당시 베트남 정부는 소방법을 제정했지만, 소화기를 설치하라는 하위 법령 또는 소방 제품에 대한 인증이나 규격 검사 자체가 없었던 상태였다. 이 때문에 저가의 중국 소방 제품들이 베트남 시장에 범람했다. 그는 동종의 아이템으로는 더는 시장에서 도저히 버티기 힘든 상태에 직면했다.

무엇보다도 생활비를 안정적으로 조달할 수 있는 아이템의 발굴이 시급했다. 고정적으로 수익을 낼 수 있는 분야를 찾기란 쉽지 않았다. 호치민에 이주한 지 약 3개월쯤 지났을 때 그곳에서 오래 사셨던 어떤 교민이 그에게 접근해왔다. 그는 호치민에 봉제 산업이 활성화되어 있기 때문에 자수 기계를 구매해 자수 업체에 임대하면 고정적인 임대료를 받을 수 있다며 투자를 권유했다. 솔깃한 마음에 그의 권유대로 자수 공장도 둘러보고 중고 자수 기계의 상태도 점검했다. 그는 고정적인 수익을 확보해야 한다는 강박관념을 갖고 있었기 때문에 그 교민의 제안을 받아들였다. 갖고 있던 자금과 새로운 자금을 융통하여 중고 자수 기계 2대를 구매한 뒤 소규모 자수 업체에 임대했다. 매일 출근해서 작업 상황과, 봉제 업체와 자수 업체들의 시장 상황을 체크했다. 모든 게 잘 돌아가는 듯했다.

그러던 어느날, 한국에 출장 다녀올 일이 생겨서 3박 4일 정도 자리를 비웠는데, 그때 문제가 터졌다. 기계를 임차한 자수 공장이 부도 처리가 되어 직원들이 기계를 압류했다는 소식을 전해들었다. 공장에 가 보니 사장은 현금을 챙겨서 이미 도망을 갔고, 밀린 임금을 받지 못한 직원들은 공장을 점거하고 있었다. 그가 투자한 기계는 손도 쓰지 못하는 고립무원의 상황에 놓였다. 나중에 알고 보니 기계를 판매한 사람과 임차를 한 사장이 함께 공모하여 사기를 친 것이다. 해결책을 찾아보려고 백방으로 노력했지만, 헛수고였다. 다만 그가 다니던 호치민 한인 성당의 한 교우가 그의 딱한 사정을 듣고 도움을 줬다. 그 교우는 구매가의 반값으로 기계를 사주었고 자금도 일부 융통해줘서 베트남 직원들의 급여를 지급할 수 있었다. 이렇게 조치하자 베트남 직원들은 점거를 풀었다. 그러나 불과 한 달 만에 최 회장은 수만 달러의 빚을 지게 됐다.

소방 설비를 수입하면서 경험해본 물류 시스템에 진출

최 회장은 다시 고민에 빠졌다. 어떻게 살아야 할지, 어떤 사업을 해야 할지 막막했다. 당시 베트남에는 특별한 산업 기반이 거의 없었다. 단지 베트남 사람들이 갖고 있는 유교적 정서 때문에 우리나라와 가깝게 느껴졌으며, 교육열이 높고 경제 전반에 대한 환경도 상당히 좋은 편이었다. 게다가 인구도 대략 9,700만 명을 넘고, 긴 해안선이 있는 지정학적 위치로 인해 인도차이나반도의 핵심 축으로 자리매김할 것이라고 생각했다. 더불어 베트남전쟁 이후 시장경제를 적극적으로 추진하려는 정부와 근면·성실한 베트남 민족의 특성을 감안하면 조만간에 베트남이 기회의 땅으로 부상할 것이라고 전망했다. 더욱이 1997년부터 베트남에도 한류 붐이 불기 시작하면서 한국인에 대해 우호적인 분위기가 만들어졌다. 그는 오랜 시간 고심한 끝에 새롭게 물류·유통 분야에 뛰어들기로 결심했다.

그간의 경험으로 보면 베트남의 물류 및 통관 시스템은 너무 낙후되어 있었다. 정말 답답할 정도였다. 한국에서 소방 설비를 수입하면서 충분히 인지했던 이 노후 물류 및 통관 시스템을 개선하면 조만간에 이 사업이 유망할 것 같다는 생각이 들었다. 당시 베트남 상황은 이랬다. 통관 절차에 대한 규정이 미흡하고 설령 규정이 있더라도 담당자의 입맛에 따라 통관 여부가 결정되기 때문에 통관을 예측하기가 어려웠다. 게다가 전산화가 미비되어 시간이 지연되고 효율성이 결여되어 있었다. 세관 공무원들도 고질적인 부패 관행으로 물류비용 외에도 많은 비용이 소요됐다. 한마디로 통관 서비스를 받기 위해 서류를 준비하는 데에도 많은 시간이 걸렸고 뇌물을 주지 않으면 언제 통관될지 예측할 수 없었다. 반면 전자 통관시스템이 잘 정착된 우리나라를 벤치마킹할 수 있다면 베트남에서도 얼마든지 물류 분야가 제대로 성장할 거라고 판단했다. 이렇게 결정한 후 인생의 모든 것을 베트남에 걸어야겠다고 결심하고, 2003년 3월 1일에 가족들을 데려왔다.

사실 그는 한국은 물론, 베트남에서도 물류 사업에 관한 한 문외한이었다. 단지 오랫동안 호치민에서 기존 업체가 관행적으로 하는 물류 서

PTV그룹의 성장 흐름도

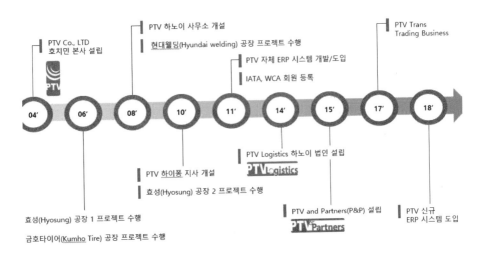

비스를 답습하지 않기로 했다. 오직 고객의 입장에서 최상의 서비스를 받을 수 있도록 구현해보자는 각오로 이 분야에 진출했다. 베트남은 값싼 노동력 때문에 고정적인 인건비에 대한 부담이 적었다. 그는 앞으로 한국 기업들이 베트남으로 진출하려고 할 때 투명한 통관 서비스를 제공하는 한국계 물류 업체를 찾을 것이라는 확신을 갖고 2004년에 PTV를 창업했다.

베트남의 열악한 통관 서비스를 개선시킨 주인공

PTV의 명칭은 베트남어로 'Phu Thanh Viet'으로 '베트남에서 부와 가치를 창출한다'는 뜻을 내포하고 있다. 영어로는 'Professional, Timely, Value-add'의 약자다. 회사 명칭은 물류 서비스를 제공하는 기업으로서 고객에게 최상의 서비스를 제공하겠다는 뜻을 담고 있다.

최분도 회장이 내건 최상의 서비스는 크게 4가지로서 다음과 같다. 첫째, 통관 및 포워딩, 창고 등 각 분야 최고 전문가로 구성된 인력들이 풍부한 경험과 전문성으로 서비스한다. 둘째, 한국인과 현지인 등 고객별 전담 인원을 배치해 맞춤 서비스를 제공한다. 셋째, 경쟁력이 있는 항공 및 해상 운임을 확보하여 안정적인 서비스를 제시한다. 넷째, 온-오프라인을 통해 베트남에서 거래를 시작하는 중소기업 고객들에게 신뢰할 수 있는 서비스를 제공한다.

이렇게 중무장한 PTV는 창업 15년 만에 베트남 종합물류기업으로 성장·발전하였다. 이후 2008년 1월에 PTV로지스틱을, 2015년 11월에 PTV파트너스 등을 잇달아 설립했다. 이들 회사에 근무하는 직원은 180여 명이며 매출액은 400억 원을 넘는다. 이들 업체들은 베트남에 투자한 대기업과 중견기업들에 통관 및 물류·트러킹trucking·컨설팅 서비스를 제공할 뿐만 아니라 세계 80개국에 600여 개의 파트너 기업을 두고 물류 및 보험, 유통, 무역 등 사업을 다각화하고 있다. 이러한 괄목할만한 성장을 달성한 것은 그가 끊임없이 베트남 정부를 상대로 통관 및 물류 서비스 분야에 대한 제도 개선을 제안하고 이뤄냈기 때문이다.

최 회장은 세 가지 측면에서 베트남의 통관 및 물류 서비스의 불편한 점을 개선했다. 첫째, 선진화된 원스톱 물류 서비스를 구축했다. 이를 위해 베트남에는 없었던 '통관 전용 전사적 자원관리ERP 시스템'을 회사 비용으로 자체 개발했다. 거래처에서 보내온 서류를 PTV의 ERP 시스템에 입력하면 서류를 규격화하고 통일화할 수 있고, 보존의 편의성을 높여서 재작성이나 편집도 쉽게 할 수 있었다. 이 때문에 통관 서류를 준비하

PTV 창립 10주년 행사

2012년 CSR 베트남
투자기획부 장관상 시상식

차세대 무역인 강의

는 시간도 획기적으로 단축시켰다.

둘째, 베트남의 통관과 관련된 규정과 절차를 개선시켰다. 이렇게 하기 위해 최 회장은 독학으로 통관 업무를 공부했다. 불합리하거나 상충되는 법률과 제도들을 일일이 찾아내서 세관에 직접 건의했으며 제도를 개선하는 데 앞장섰다. 베트남 세관 공무원들은 처음에는 그를 외면했지만, 제도 개선 효과가 조금씩 나타나자 관계도 진전되었다. 그는 "이들 공무원들이 보기에 베트남 통관 규정집을 들고 세관을 찾아오는 모습이 좀 특별하게 보였던 것 같다."며 "처음에는 서먹서먹했는데, 나중에는 많은 도움을 줬다."고 털어놓았다. 세관 공무원들의 협조가 없었다면 그의 사업도 어려웠을 것이다.

셋째, 비용의 불합리성, 예측이 불가능하다는 점을 해소하기 위하여 통관요율에 대한 요금표Tariff를 만들어 고객들의 부담을 줄였다. 이로 인해 세관의 뇌물 수수 관행도 막을 수 있었다. PTV는 컨테이너별로 요금표를 제시하여 추가 요금을 줄여주었는데 이는 화주들의 부담을 덜어주었을 뿐만 아니라 세관과 직원들의 도덕적 해이를 없애는 효과를 가져왔다. 이러한 개선으로 세관과 화주, PTV 등 3자 간의 신뢰를 구축할 수 있었다. 이제 고객들이 PTV와의 거래를 개시하기 위해 필요한 통관 자료만 넘겨주면 모든 것이 원스톱으로 진행된다. PTV에서 통관 서류를 ERP로 데이터화하여 통관을 진행하고 통관 단계별 상황을 고객에게 통보하고 현재 상황과 미래 예측에 대한 내용을 제시하여 생산 일정에 반영할 수 있도록 했다.

한마디로 최 회장은 베트남 세관과의 교류를 통하여 불합리한 규정과 절차를 획기적으로 개선하고 한국 고객들의 입맛에 맞는 양질의 통관 물류 서비스를 제공할 수 있는 계기를 마련한 것이다.

매년 베트남 세관원을 선발하여 인하대 MBA 학비 지원

최 회장이 한 일은 또 있다. 베트남 세관원들도 선진화된 교육을 받아야만 고도의 서비스를 제공할 수 있다고 주장하며 다음과 같은 제안을 한 후 실행에 옮겼다. 인하대학교 물류대학원 MBA 과정과 베트남 세관원들을 연계하여 공부할 수 있게 한 것이다. 먼저 인하대학교에 학교발전기금으로 2억 원의 기부금을 냈다. 인하대에서는 이 기금으로 장학금을 마련하여 학기마다 베트남 세관원 1명씩을 선발, 물류전문대학원 MBA에 다닐 수 있도록 지원했다. 2015년부터 지금까지 5명의 세관원이 학사 과정을 석사 과정으로 수료했다. 이중 4명이 석사 학위를 취득했으며 1명이 박사 과정

PTV그룹의 주요 고객사 현황

외국 정부를 상대로 제도 개선을 이뤄내 대한민국의 경제 영토를 넓히다

PTV-인하대-동나이 세관 MOU

인하대학교 기부금 전달식

에 다니고 있다. 석사 학위를 취득한 후 현직에 복귀한 세관원들은 한국어를 자유자재로 구사하여 한국 업체들에 많은 도움을 주고 있다. 이 교육 연계 작업은 2021년까지 계속될 예정이다.

최 회장은 PTV의 베트남 통관 담당 직원들이 통관 규정과 법률을 꼭 배우게 하고 있고, 동시에 베트남 세관원들의 일방적인 주장에 끌려가지 말고 규정에 맞게 일하라고 말한다. 때로는 세관 공무원들과 토론도 하라고 당부한다. 특히 화주의 입장에서 업무를 처리할 것을 강조하고 있다. 이 때문에 PTV 직원들은 한국 고객들에 대한 이해의 폭이 넓다.

한국 H그룹의 베트남 진출을 적극 도와주다

H그룹은 20억 달러를 투자하여 2006년부터 베트남 호치민 인근의 동나이 성에 스판텍스, 타이어 보강재, 스틸 보강재, 폴리프로필렌 등을 각각 제조하는 공장을 잇달아 건설했다. PTV가 H그룹과 인연을 맺게 된 것은 이들 공장의 건설에 필요한 자재 등의 물류 입찰에 초청을 받았고 그후 입찰 심사를 통해 통관 업체로 선정됐기 때문이다. 이후에도 베트남에서의 풍부한 경험을 바탕으로 원스톱 맞춤 서비스를 제공했으며 공장 이전을 위해 기계를 통관할 때도 컨설팅을 진행했다. 이 컨설팅 덕분에 H그룹은 많은 절세 혜택을 볼 수 있었다. 이처럼 PTV는 고객과 물류 파트너라는 관계 속에서 컨설팅을 통하여 비용을 절감하고 시간을 단축시켜 주었다. 이를 통해 고객들의 생산 효율을 높이고, 절세 혜택을 받을 수 있도록 도움을 줘서 수익 구조를 획기적으로 개선시켰다. 현지 사정을 잘 모르는 고객이 직접 해결하려고 하면 시간과 노력, 비용이 많이 들지만, PTV에 의뢰하면 안

심하고 일을 추진할 수 있었다. 최 회장은 물류 및 통관 컨설팅을 통하여 수준 높은 서비스와 노하우를 제공하는 단계로 진입시켰다는 데 강한 자부심을 갖고 있다. PTV가 호치민 동나이에서 한 달 동안 통관하는 건수는 평균 5,000여 건이다. 이는 동종 한국계 물류 업체와 비교하면 3배 이상의 처리 물량이다.

고객과 약속을 지키려 72시간 동안 쉬지 않고 원자재 수송

PTV그룹은 고객과 약속을 지키기 위해 쉬지 않고 72시간 동안 원자재를 수송해 납기 기한에 맞춰 공급했던 신화같은 이야기를 남겼다. 2008년 한국 대기업의 현지 공장에서 꼭 필요한 원자재를 신속하게 공급해 달라는 부탁을 받았다. 나흘 안에 원자재를 수급하지 못하면 공장의 생산라인이 중단되고, 하루 약 40만 달러(약 4억 5천만 원)의 손해를 볼 수 있는, 매우 심각한 위기 상황이었다. 최 회장은 이 긴급 연락을 받고 그룹의 총역량을 가동하였다. 기존의 해상 경로를 이용하면 운송 시간만 1주일가량 걸려서 도저히 납기 내에 맞출 수가 없었다. 할 수 없이 중국 북부의 국경에서 원자재를 넘겨받아 육로를 통해 호치민까지 트럭으로 이송한다는 계획을 세웠다. 중국과 베트남의 국경 지역인 랑선에서 동나이성의 넌짝까지의 거리는 약 1,800킬로미터였다. 도로 사정이 좋지 않는 상황에서 트럭으로 72시간을 꼬박 달려야 하는 먼 거리였다. 당시 원재료를 수송할 도로는 베트남 남북종단을 잇는 왕복 2차선(현재도 고속도로 없음) 밖에 없었다. 도로의 포장 상태가 좋지 않고 일부 구간은 비포장 도로인 탓에 평균 시속 30~40km을, 일부 구간은 15km를 달려야 할 정도로 도로 환경이 열악했

최분도 회장이 앞장서서 원자재 공수에 나설 때의 모습

PTV그룹 직원 팀 빌딩(Team Building) 교육

다. 그는 운전사 6명을 고용, 식사 시간을 제외하고 2교대로 24시간 운행했다. 문제는 연식이 23년 이상된 노후 트럭 3대를 쉬지 않고 운행한 탓에 차의 엔진 온도가 심하게 올라가서 갑자기 서 버리는 일종의 오버히트 현상이 15차례나 발생했다. 심한 경우 차가 고장 난 바람에 긴급 수리로 차를 움직였다. 교량 하중이 5톤 미만으로 규정된 곳을 건너갈 때는 손에 땀을 쥘 정도로 서행해서 어렵게 건너갔다. 이렇게 밤샘 운전을 해서 공장이 멈추기 4시간 전에 원자재를 전달했다. 자칫 잘못하면 고객사에 큰 손해를 끼칠 수밖에 없었던 긴급한 상황에서 최 회장은 오로지 책임 완수를 해야겠다는 생각으로 온갖 열악한 환경을 이겨냈던 것이다.

이로 인해 PTV는 '믿을 수 있는 기업'이라는 명성을 얻게 되었다. 고객과의 약속은 반드시 지키는 기업, 맡은 일은 책임감 있게 해내는 기업이라는 입소문이 퍼지면서 많은 고객이 일감을 PTV에 소개했다.

이처럼 PTV는 오랫동안 베트남에서 쌓은 노하우를 통해 현지에 진출한 한국기업들의 역량을 강화시키고 있고 이를 통해 대한민국의 경제 영토가 확대되는 데 일조하겠다는 전략을 갖고 있다.

직원들의 꿈과 더불어 PTV의 목표를 달성하도록 교육 중시

PTV는 직원 복지에도 투자를 많이 한다. 직무 교육과 더불어 새로운 경험을 할 수 있는 여러 기회를 주고 있다. 매해 전 직원을 대상으로 태국, 싱가포르, 한국 등 해외에서 연수하는 프로그램도 운영한다. 직원의 대부분은 여권을 처음 만들 정도로 열악한 환경에 살았지만, PTV에 입사한 뒤 현재의 삶에 만족할 수 있도록 최우선으로 지원하고 있다. 이를 통해

회사 직원 태국 워크숍

직원 개개인의 꿈도 성취하고 기업의 목표도 달성하는 일석이조의 효과를 거두고 있다.

최 회장은 직원들이 높은 자존감을 갖고 있어야 고객사의 물류와 관련된 전반적인 업무를 책임지고 수행할 수 있다고 생각한다. 그의 꿈은, 저렴한 노동력을 이용한 공장의 해외 이전 방식이 아니라, 전문성을 바탕으로 현지화에 성공함으로써 모국의 투자자와 현지인들에게 모두 도움을 줄 수 있는 기업을 운영하는 것이다. 이를 위해 관세와 물류, 운송, 보험과 관련된 서비스 외에 현지 변호사와 회계사를 채용해 금융, 세무, 법무 등을 총괄하는 종합 서비스를 제공하는 것이다. 더구나 이런 서비스를 제공하면서 추가 비용을 요구하지 않는다. 그 이유는 베트남에 진출하는 한국 기업인들이 PTV가 제공하는 서비스를 통해 좀 더 편안하게 정착할 수 있기를 원하기 때문이다. 최 회장 자신이 베트남에 진출한 지 얼마 지나지 않아서 사기를 당했던 아픈 기억을 가지고 있기 때문에 가급적이면 많은 한국기업이 베트남에 안착할 수 있도록 도와주는 것이 자신의 사명이라고 보고 있다.

그가 제일 듣기 싫어하는 말은 같은 한국인한테 "한국 사람들을 더 조심해야 한다."라고 하는 말이다. 같은 민족끼리 해외에서 만나 더 많은 도움을 주고 파이를 키워서 한민족 공동체의 발전을 모색하지는 못할망정 동족끼리 서로 경계하고 갈등을 부채질하는 모습이 무척 안타깝기 때문이다. 중국의 화상이나 이스라엘의 유대인을 부러워하기 이전에 한민족 일원들이 서로를 챙겨주는 환경을 만들어야 한다며, 자신부터 실천하겠다는 의지를 바탕으로 이러한 특별한 서비스를 만들어 제공하고 있는 것이다.

——— 외국 정부를 상대로 제도 개선을 이뤄내 대한민국의 경제 영토를 넓히다

Phu Thanh Viet Trading and Development

Striving to support Vietnam's less fortunate

By Hai Ha

Helping the unfortunate is a point of company pride

Phu Thanh Viet Trading and Development is a Korea-backed business that was honoured in 2012 by the Ministry of Planning and Investment for its active contributions to community development.

Its corporate social responsibility (CSR) activities embrace from hosting training courses for labourers and funding extracurricular programmes of several schools, to lending to underprivileged children who suffer from defects or special hardships, helping them to integrate into society.

Among the misfortune, disabled and abandoned children and others facing dire circumstances have captured the company's special attention. That was why a centre for feeding and helping disabled children in Ho Chi Minh City's Cu Chi district named Thien Phuc has become a familiar venue to Phu Thanh Viet volunteers.

The centre is home to 130 kids, most born with physical or mental defects. Some of them were later abandoned at the centre as their families were in special difficulties.

Their unhappy lives chiefly are eased by the kindness from the community and support by nurses who take care of them daily.

"The kids here are almost cerebral-palsied, some suffering from Down syndrome, inborn heart defects or rarely glass-bone disease, requiring special treatment from our nurses as most of them cannot take care of themselves," said Nguyen Thi Thu Thao, one of the nurses.

The centre is equipped with special machines for physiotherapy to support the children, though the hope for their rehabilitation remains fragile.

Despite their special health conditions, it is easy to see when the kids are merry and happy through their bright faces, smiles and specific acts. Such displays were shown during a recent trip to the centre by Phu Thanh Viet Ltd. volunteer group on Christmas occa-

sion for gift donation.

"Life is unjust to the kids. I had special feelings when I directly spoon-fed these kids," said Nguyen Huy Hung, a Phu Thanh Viet employee.

Joining hands to ensure better lives for unfortunate kids reflect Phu Thanh Viet Ltd's dream of cultivating a better society.

"The company staff members are eager for making their part in community development," said Choi Bun Do, the company's general director.

"Our management is trying to have in place a smart workplace environment in which every staff member will strive to make the dream come true."

Phu Thanh Viet Ltd.'s efforts might serve as a role model for other Korean firms wishing to "venture into the Vietnamese market and will make further contributions to Vietnam's development," Choi said. "Experiences and education is the key to help a country with bountiful natural resources and fruitful human resources like Vietnam to thrive economically and socially."

> Experiences and education is the key to help a country with bountiful natural resources and fruitful human resources like Vietnam to thrive economically and socially".

One of the company's initiatives, he said., was also to provide staff with overseas training to improve qualifications, thus helping them to contribute more to society development. Enhancing professional and management skills for its employees is constantly

placed at top priority by the company's management.

"Friendly attitudes at the workplace help set our mind at ease during working," said Nguyen Minh Tam, a company employee. "We have also got training to better communicative skills through foreign language courses and team building activities which made us more confident. Besides, forwarding staff enjoy specific insurance incentives parallel to other labour policies under Vietnam current regulations."

Since making inroads into Vietnam, Phu Thanh Viet Ltd. has been consistent with its slogan: "Always striving for customer satisfaction through constantly innovative and prestigious services."

More than seven years since entering the Vietnamese market the company has step-

by-step established a strong reputation in such business areas such as maritime and aviation agent; freight forwarding, international transport and customs declaration services for oversized and heavy-weighed cargoes etc.

Phu Thanh Viet Trading and Development Company Limited has been operating in Vietnam since 2004 with offices in Ho Chi Minh City, Hanoi and Haiphong.

The company provides comprehensive solution packages relevant to international freight forwarding combined with logistic supply chain management.

In 2012, the company was conferred an award praising businesses with active contributions to community development by the Ministry of Planning and Investment.

기부와 관련된 베트남 신문의 기사

베트남 초등학교 기부 관련 행사

한국학교 장애우 교실 현판

장애복지 시설 등에 후원금과 컴퓨터 교육 장비를 후원

최분도 회장은 사회봉사 활동도 활발히 수행하고 있다. 2012년부터 매월 장애인복지 시설에 후원을 하고, 베트남 현지 학교에 1년에 한 번씩 컴퓨터를 기증하기도 한다. 현재까지 기증한 컴퓨터는 대략 40대 정도. 그는 호치민 한국학교의 장애우 학생들이 일반 교실에서 수업을 듣는다는 교민 잡지의 기사를 접한 뒤 해당 학교를 방문했다. 유치원부터 고등학교까지 1,600여 명의 학생이 다니는 학교였다. 장애우들이 특수 교실에서 전담 교원에 의해 특수 교육을 받아야 한다고 생각해서 장애우 특수 교실을 만들고 필요한 보조 기구들을 제공하기도 했다.

이외에도 한국 학생들을 위해 인턴쉽 프로그램을 운영하고 있다. 인하대학교 아태물류학과의 학생 2명이 6개월간 PTV에서 인턴으로 근무 중이다. 지금까지 14명이 인턴십 프로그램을 이수했다. 그는 2015년부터 코트라 호치민 K-Move 센터에서 주관하는 취업 준비자 역량 강화 프로그램의 물류 분야 멘토를 맡고 있는데 여기에서 6명의 한국인 직원을 뽑았다. 이외에도 2018년 3월 대한상공회의소에서 주최하는 '1사 1청년 일자리운동'에 참여하여 2명의 청년을 채용했다.

공동체 구성원의 아픔을 나눠 갖는 실천가

최 회장은 유년 시절에 공부보다 과외 활동을 더 좋아했다. 고등학교 때는 글쓰기를 무척 좋아했다. '가을 아침'이라는 시를 써서 교내 문학상을 받기도 했다. 인문학을 좋아하면서 이공 분야에도 흥미를 갖고 있었다. 엽록소

외국 정부를 상대로 제도 개선을 이뤄내 대한민국의 경제 영토를 넓히다

를 리트머스 종이로 측정하던 실험대회에서 최우수상을 타기도 했다.

그러나 그의 꿈은 따로 있었다. 가톨릭 신학을 전공해서 사제가 되고 싶었다. 다니던 성당의 지도신부님이 동양철학을 먼저 공부하고 그다음에는 신학을 공부하는 것이 좋겠다는 조언을 해주었고 1986년에 동국대학교 인도철학과에 입학했다. 1988년도에 군에 입대해서 1991년에 제대했다. 제대한 후 1년간 휴학한 뒤 미국에 1년간 어학 연수를 다녀왔다.

대학을 졸업한 뒤 진로에 대한 고민이 깊었다. 사제의 길이 본인과 잘 맞지 않다고 판단했다. 집안이 부유한 편은 아니었기에 대학 시절 각종 아르바이트 등을 하며 용돈을 마련하던 그는 땀 흘려서 돈을 버는 일들이 더 적성에 맞겠다는 판단을 하였고, 막연하게나마 자신의 사업에 대한 어렴풋한 꿈들을 꾸게 되었다.

2011년에 아버지가 돌아가셨고, 현재 어머니는 혼자 한국에서 생활하신다. 남동생은 인하대학교 신소재공학과에서 교수로 재직 중이다.

대학을 졸업하고 성당에서 주일학교 교사를 하던 시절, 교사 모임에서 만났던 노애리 씨를 아내로 맞이했고 두 아들을 뒀다. 큰아들은 미국 뉴욕대학교에서 컴퓨터공학을 전공하고 있고, 둘째 아들도 코넬대학교에서 컴퓨터공학을 전공한다.

최 회장은 베트남에서 물류 사업을 하면서 관련 분야를 공부할 필요성을 느껴서 2014년 9월 인하대학교 물류전문대학원에 입학하여 물류경영학 석사 학위를 취득했다.

최분도 회장은 주위 지인들을 대상으로 후원 활동도 하고 있다. 고등학교 동기 가운데 이미 세상을 뜬 친구 4명의 가족들과 난치병을 앓고 있는 자녀를 둔 동기들에게 후원금을 지원한다. 누구든지 불상사로 인해 유명을 달리할 경우, 유가족의 자녀들이 최소한의 교육을 받는 데 불편함을 겪지 않도록 개별 통장을 만들어서 매월 또는 일시불로 성금을 적립해주고 있다.

최 회장은 자신의 자녀들도 자신과 함께 '돕는 문화'를 자연스럽게 몸에 체득할 수 있도록 이런 공동체의 나눔 활동에 동참하도록 권유하고 있다. 자녀들이 대학에 진학하여 장학금을 받거나 여타 이유로 묫돈이 생기면 자신이 지원하고 있는 공동체를 소개하고 함께 기부를 하도록 권유한다. 자녀들이 흔쾌히 기부를 하면 자신은 그 금액에 상응하는 매칭펀딩을 한다. 이렇게 만든 후원금을 자녀 이름으로 동기회에 전달한다. 이를 통하여 자녀들과 함께 더불어 사는 사회를 만들어가면서 많은 것을 배우고 얻고 있다고 한다. 이외에도 글로벌한상 드림장학재단 소년소녀가장 돕기에도 후원금을 내고 있다.

외국 정부를 상대로 제도 개선을 이뤄내 대한민국의 경제 영토를 넓히다

소속	PTV그룹(베트남)
출생	서울(1967년생)
학력	동국대학교 인도철학과(학사)
	인하대학교 물류전문대학원(물류경영학 석사)
이주 연도	2002년 베트남 호치민
회사 연혁	1. PTVCompanyLimited(2004) 설립
	2. PTVLogisticsCo.,Ltd.(2008) 설립
	3. PTV&PartnersCo.,Ltd.(2015) 설립
	종업원 180명, 매출 420억 원
주요 경력	PTV그룹 창업(2004)
	세계 한인 무역협회(월드옥타) 상임이사(2015~현재)
	베트남 중남부 한인 상공인연합회(KOCHAM) 부회장(2017~현재)
	재외동포재단 Young Business Leaders Network 회장(2016~2017)
사회공헌 활동	초등학교 및 장애인 복지 시설 재정적 후원 및 컴퓨터 교육 장비 보급(2002~)
	호치민 한국학교 장애우 특수교실 신축 지원(2017)
	인하대학교 물류대학원 발전기금 지원(2억 원)
	우수 한국 상품 수입 및 베트남 유통 페스티벌(2016)
	모교(고등학교) 동기 사망자 유가족 지원
	글로벌한상드림 장학재단 소년소녀가장돕기 기부 활동
	베트남 세관공무원 한국 물류대학원 MBA교육 지원(2015~2021)
	베트남 내 한국인 일자리 창출 지원
	K-Move센터 채용 행사를 통한 한국인 직원 채용(2015)
	KOTRA 호치민 K-Move센터 주관, 취업 준비자 역량 강화 프로그램 운영(2016)
	대한상공회의소 주최, '1사 1청년 일자리운동' 동참 서명(2018)
경영 철학	'항상 꽃을 피우는 마음으로!'
수상 실적	2012 CSR 우수 기업 베트남 투자계획부 장관상 수상
	2014 호치민 우수 납세기업상 수상
	2015 제42회 상공의 날 산업통상자원부 장관상 수상
	2015 CSR 우수 기업 KOTRA 회장상 수상
	2016 베트남 산업무역부(MOIT) 산업발전기념훈장
	2017 매일경제 선정 글로벌 리더 33인으로 선정
	2017 베트남 산업무역부(MOIT) 선정 우수 기업상 수상

장성배   하나푸즈 사장
(일본)

수산물 생산-가공-유통을 통해
6차 산업에 도전

일본 후쿠오카에서 하나푸즈 등 3개의 기업을 일군 장성배 사장(54)은 가문과 학교를 빛낸 사람으로서의 자부심이 대단하다. 2018년 10월 26일 국회헌정기념관에서 개최된 장보고한상 어워드 시상식 때 수상 소감을 얘기해달라는 주최 측의 요청을 받고 '가문을 빛낸 사람, 학교를 빛낸 사람'이라는 제목으로 발표를 했다. 이는 그만큼 자신을 가장 잘 아는 가족과 동창들로부터 신뢰와 믿음을 받고 있다는 방증이다.

그가 자타가 인정하는 명란젓 유통 분야의 대가로 자리매김할 수 있었던 것은 이러한 그의 성격이 반영됐다고 봐야 할 것이다. 그는 명란젓 분야를 집요하게 파고들었고 끝장을 봤기 때문에 이 분야에서 대가로 성장할 수 있었다. 명란젓은 선물용으로 인기가 높다. 명란젓은 원래 한국이 원조이지만, 일본에서 세계 소비량의 90% 이상을 점유한다. 최근 지구 온난화 때문에 명태 어획량이 크게 줄어들면서 몸값이 높아지고 있다.

그가 명란과 인연을 맺은 것은 주식회사 선경에 입사하여 수산물 수출에 앞장서면서부터다. 명란젓 원료 수출 1억 달러를 달성하면서 이 분야에서 유명 인사가 되었다. 그가 명란젓 수출을 담당하게 된 것은 우연이었다. 그가 다니던 SK네트웍스는 당시 급변하는 글로벌 환경 변화에 적응하기 위해 조직을 자주 개편했다. 1992년쯤 약 6개월간 보직 대기 상태에 있었는데 선경 일본지사에서 LG상사가 맡아왔던 명란 제품을 지정받아 가공 물품을 수출하는, 소위 국제 무환수탁 가공 사업을 맡아보겠느냐는 제의를 해왔다. 다른 직원들은 이 사업이 복잡하고 어려운 새로운 분야인 데다, 돈이 되지 않는 사업이기 때문에 외면하고 있던 실정이었다. 그는 할 일이 없어 일본어 책만 보고 있던 처지에서 이 사업에 관심을 갖게 됐다. 무환수탁 가공 사업이란 러시아산 또는 미국산 명란을 부산으로 가져와서 가공하여 일본으로 수출하는 일이었다. 지속적으로 관심을 갖다 보니 점차 흥미를 느꼈던 그는 이 사업에 열정적으로 매달렸다. 그가 이 사업을 통해서 깨달았던 점은 SK그룹 고 최종건 창업주의 경영 철학SKMS과 연결됐다는 것이다. 그는 명란젓과 참치 등 수산물을 잡고 가공·유통함으로써 6차 산업을 완성시키겠다는 당찬 포부를 갖고 있다. 이런 공로를 인정받아 2018 장보고한상 어워드 해양수산부 장관상 수상자로 선정되었다. 〈편집자 주〉

대학 2학년 때의 음악 밴드 활동으로 선경 입사 때 혜택 받아

장 사장은 대학교 1학년 때 우연히 그룹사운드 동아리인 '더 블루 헤븐'에 10기로 들어갔다. 음악이 좋아서 시작한 동아리 활동이었지만 이를 계기로 생활에 많은 변화가 생겼다. 낮에 배운 반주 기술로 저녁에는 소규모 나이트클럽인 '꽃사슴'에서 연주를 했다. 용돈벌이는 충분히 되었다. 차츰 경력이 붙자 미군부대(히야리아 캠프)에 공연하러 가서 미국인 부대장으로부터 처음으로 외화 획득으로 100달러를 받은 적도 있었다. 온천성당 야간학교에서 주 2회 음악 선생으로도 재능 기부를 했다. 음악 연주에 푹 빠져 지냈지만 학업을 소홀히 한 건 아니었다. 공부도 충실하게 하여 대학 6학기 동안 성적장학금을 받았다. 그의 그룹사운드 경력은 선경에 입사할 때 조직 생활과 하모니에 대한 가산점을 받아 남보다 수월하게 취업할 수 있었다. 이러한 경험을 한 덕분에 50을 넘긴 지금에 낯선 일본에서 재능 기부로 음악 연주자로 초청을 받고 있다.

장성배 사장은 1987년 주식회사 선경(현 SK네트웍스)에 입사했다. 부서 배치가 될 때 영업부나 관리부 중에서 폼도 나고 전공도 살릴 수 있고 회사의 기획 업무를 담당하고자 관리부를 희망하였고, 그의 뜻대로 배치를 받았다. 그러나 그에게 주어진 업무는 기대했던 기획 업무가 아니라 은행과 관련된 네고(수출 대금을 은행을 통하여 입금을 받는 신용장) 업무였다. 관리부에서 2년을 묵묵히 일하면서도 자신이 원하던 부서가 아니라는 것을 뒤늦게 깨달았다. 그는 회사의 조직 개편 시점에 맞춰 종합상사의 꽃인 영업부로 보내줄 것을 희망했다. 왜냐하면 무역상사의 핵심 부서는 해외 영업부로서 그곳에서 근무하면 글로벌 역량을 키우고 해외근

수산물 생산-가공-유통을 통해 6차 산업에 도전

대학 1학년 때 동아리에 가입, 베이스를 연주하며 열창하는 장성배 사장

무 기회면에서 유리하다는 사실을 뒤늦게 깨달았기 때문이다. 하지만 그의 희망대로 영업부에 배치되지 않고 개발팀에 전환 배치됐다. 개발팀에는 여직원 1명(지금 그의 아내)만 배속되었다. 개발팀의 업무는 고작해야 줄자와 공작기계 등을 해외에 수출하는 것이었다. 한마디로 잡동사니 부서였다. 그는 장어 가죽으로 만든 'Eel Ski;n'이라는 가죽 제품을 수출하게 됐다. 이 덕분에 1989년 미국으로 생전 처음 해외 출장을 가게 됐다. 8박 9일 동안 LA와 마이애미, 뉴욕, 오하이오주 스프링필드 등 매일 이동하면서 해외 영업의 실전 경험을 쌓게 되었다.

그렇지만 그의 상황은 별로 달라지지 않았다. 1992년경 약 6개월간 보직 대기 상태로 있었다. 속된 말로 한직으로 좌천됐던 것이다. 할 일

없이 시간만 죽이고 있었던 시절에 SK그룹 계열사였던 선경의 일본지사에서 그동안 LG상사와 함께 수행해 오던 명란 제품 국제 무환수탁 가공 사업을 SK네트웍스가 맡아보지 않겠느냐는 제의를 해왔다. 본사에서는 이 업무를 수행할 책임자가 필요했던 것이다. 명란 제품 국제 무환수탁 가공 사업은 내용이 복잡하고 까다로운 데다가 돈이 안 될 것이라는 선입관 때문에 지원자가 한 사람도 없었다. 한직에 있었던 그에게 의향을 물어왔을 때 그는 흔쾌히 수락했다. 그날부터 빈둥빈둥 일본어 책만 보던 생활을 청산했다. 이 업무를 맡으면서 그는 완전히 딴 사람으로 변했다. 그는 누가 시킨 일도 아닌데도 불구하고 1년 넘게 야근을 하는 등 강행군을 했다. 이 과정에서 일본 담당 선배들로부터 늘 질책과 격려를 받았다. 그는 이때의 경험 덕분에 가장 빠르게 성장했다고 믿고 있다. 한마디로 한직을 떠돌던 그는 명란젓 가공 업무 분야에서는 단연 업계의 최고수로 성장하고 독보적인 존재로 발전할 수 있었던 것은 관심이 있는 분야에 몰입하면 상상을 초월할 정도로 집중력을 발휘했다. 그는 "이때 습득하고 터득한 기량이 창업 후에 생존할 수 있는 경쟁력이 됐다."고 회고했다.

▶ **무환수탁 가공 사업**
위탁자(일본 제품 바이어)는 원·부자재를 제공하고 수탁자(한국 MAKER)는 숙련된 고급 기술을 제공하여 제품을 생산하기로 하는, 국제 수출 계약의 한 형태다. 원·부자재의 수입 절차를 밟아야 하며 관세를 사전에 납부한다. 실무적으로는 수출에 공여된 외화 획득용 원·부자재의 소요량 관리에 대한 책임과 의무를 지게 된다. 제품 수출 후 관세 환급, 부가세 환급 등 사후 절차가 따른다.
일반 수출에 비하여 업무량, 난이도, 관리 요소가 엄청나게 부담된다는 이

수산물 생산-가공-유통을 통해 6차 산업에 도전

유로 수리조선 등 빅 프로젝트(Big Project)에 주로 사용되는 계약 방식이
었다. 즉, 해외 선진국에 비해 자본 등 경제력에서 차이가 많이 나는, 소위
배가 고팠던 1970~90년대에 각광받았던 수출 방식의 하나였다. 한마디
로 고급 인력 기술을 활용하는 것이다. 이처럼 무환 방식은 원·부자재에 대
한 결제는 이루어지지 않고 제품 수출시 가공(한국 내 부가가치 생산분)
만 결제받는 형식인 탓에 수입에서 가공 수출에 이르기까지 방대한 자료와
관리 업무가 수반된다.

명란젓은 일본인이 가장 선호하는 반찬이다. 다만 명란젓은 우리나
라에서 일본으로 건너간 한국 요리다.

명란젓은 1913년 부산에서 태어난 일본인 가와하라 도시오川原俊夫이
라는 사람이 태평양전쟁 패전 이후 고향 후쿠오카현 하카타로 돌아간
뒤 식품 도매상을 열었다. 그는 새 상품을 선보일 게 없을까 고민하다가
어린 시절 부산 초량시장에서 먹었던 매운 '명란 김치' 맛을 떠올렸다. 이
를 '멘타이코'(명란젓의 일본 말)란 이름으로 선보였던 시기가 1949년 1월
이었다. 멘타이코가 히트를 치면서 일본 전역에서 명란젓이 선풍적인 인
기를 누렸다. 이 때문에 명란젓이 일본에서 유래한 음식이라고 여기는
한국인도 많다.

명란 수출 1억 달러를 달성하다

당시 명란젓의 가공 유통 비중은 일본이 95%가량 점유하고 있고 한국은
고작 5%를 내외였다. 하지만 이 사업은 명란젓의 원료인 명란을 공급하는
명태의 어획고에 달려 있다고 해도 과언이 아니다. 세계 명태 어획고는 러
시아산과 미국산이 5만 톤 정도다. 이는 전 세계 물량의 90%를 차지한다.

당시 일본을 제외한 해외 가공 물량은 중국 5천톤, 한국 1천톤 정도다. 이 중 SK가 무환수탁 가공 수출 업으로 연간 3백 톤(500만 달러) 규모에 해당하는 물량을 처리한다. 그는 무환수탁 가공 수출 사업이 안정적인 궤도에 올라왔기 때문에 굳이 다른 일을 확장하지 않아도 됐다.

그러던 1993년 어느 날 종합상사인 삼성물산에서 일본의 원료 바이어 1명을 데리고 와서 상담에 응해줄 수 있느냐고 물었다. 일본 바이어는 삿포르 주오수산의 테라마치 부장이었다. 그는 새로운 사업 아이템을 추진해보자고 제안했다. 장성배 사장은 테라마치 부장의 제안을 성사시키기 위해 의기투합을 했다. 그는 매일 새벽 5시에 부산공동어시장으로 출근해 연안 수산물의 가격 동향을 체크한 후 일본으로 수출하는 업무를 자발적으로 했다. 아침 7시에 식사한 뒤에야 부산 본사로 출근하였다. 일본 바이어와 함께하는 업무는 실적이 미미했지만 함께 협력한다는 사실이 좋았다. 바이어 픽업, 수산물 일본 수출, 원료 계약 등으로 연중 200일 정도 매일 20시간 비상 근무를 하면서도 피곤한 줄도 몰랐다. 거의 매일 밤 12시에 바이어와 헤어진 뒤 4시간 정도 잠을 자고 새벽 5시에 다시 출근하는 등 하루도 빠지지 않고 강행군을 했다. 그러나 오랜 시간 열성적인 노력을 기울였지만, 실제 계약 실적은 미미했다. 인력, 자원 투입대비 계약 실적이 전무한 관계로 테라마치 부장이 보답성 계약으로 100만 달러 규모의 100톤 물량을 계약한 실적을 올렸다. 하지만 이때 계약한 상품을 일본으로 수출하기 위해 선적했는데, 부산에서 도마코마이항으로 가던 배가 엔진 트러블로 전원 장치에 고장이 나는 바람에 냉동 명란이 전부 녹아버렸다. 이로 인해 장성배 사장은 열 띤 협상 끝에 전손 보험으로 처리하게 되고 회사의 손해도 제로로 마무리하고 바이어

측의 예상 손해(불채산계약)도 제로로 해결되어 뜻밖의 수확을 얻게 된다. 인생에 있어 최대의 위기를 기회로 반전시킨 사례이다.

그가 인생의 절정기를 맞이한 시기는 1994년이었다. 어느 날 러시아 에이전트 1명이 그를 찾아와 연간 1만 톤 규모의 명란 원료를 취급하지 않겠느냐고 제안을 했다. 그는 본사에 구두 보고를 한 뒤, 구매를 담당하는 역할을 맡게 되었다. 그러던 중 이 에이전트가 삼성과 LG상사 등으로 부터 사기꾼으로 인식되어 어느 회사도 상대해 주지 않고 있는 상황이었다. 그는 이러한 사실에 아랑곳하지 않고 최선을 다해서 에이전트에 대한 정보를 파악하고자 주야로 미팅 기회를 계속 가지면서 정보 분석, 상황 파악에 주력하였다. 특히 그는 일본과 거래하는 러시아 회사들에 대한 정보를 교환·분석하는 데 많은 시간과 노력을 들였다. 그 결과, 그 에이전트가, 페로스트로이카 시절 EU 지원금으로 8천 톤급 14척을 스페인에서 건조하여 북태평양에서 명태를 조업하여, 전세계 피쉬 버그에 들어가는 필렛과 명란젓 원료를 생산하는 세계 최대 기업이라는 사실을 파악하게 되었다. 그 에이전트의 아버지가 러시아 경제 마피아였기에 1995년 봄에 러시아에서 명란젓 원료에 대한 독점판매권을 따냈다는 정보를 입수했던 것이다. 그는 일본 업계 1, 2위를 점하고 있는 바이어그룹의 회장을 만나서 러시아로부터 수입하는 명란젓 원료를 공급해 줄 것이니 일본에서 수입 소화해 줄 수 있는지 의사를 타진했다. 이들 바이어 그룹의 두 회장들은 회장은 장성배 사장이 안정적으로 공급 해 준다면 물량을 소화해주겠다고 약속했다. 1995년은 러시아와 일본이 명란을 확보하기 위해 힘겨루기를 할 때였는데 고군분투한 결과 6천 톤(5천만 달러) 판매 실적을 달성할 수 있었다. 모든 것이 사전에 판매 네트워크를 구축한 덕분이었다.

그가 남이 가지 않는 좁은 길을 개척한 성과는 엄청난 실적으로 이어졌다. 예컨대 1996년부터 1998년까지 3년 동안 매년 1억 달러 수출이라는 괄목할만한 실적을 올렸다. 이러한 실적을 축하하는 기념 행사가 1996년에 라스베이거스 시저스 팰리스 호텔에서 열렸다. 관계자들이 모두 참석한 가운데 러시아어, 영어, 일본어 등 3개 국어로 행사가 진행되었다. 행사가 끝난 후 그는 바이어와 함께 두 대의 헬기(대당 4천만 달러)를 임차하여 그랜드캐넌을 관광까지 하는 호사를 누리기도 했다. 당시 한국은 IMF 외환위기를 맞아 매우 힘든 시기를 보냈지만, 그는 인생에서 최고의 절정기를 보냈다.

그가 명란젓 수출 분야에서 독자적인 기술을 습득할 수 있었던 것은 1979년에 정립된 SKMSSK Management System을 꾸준히 배워 실천했기 때문이다. 이 시스템은 SK그룹 최종건 창업주의 경영 철학SKMS을 구현한 시스템이다. 이해관계자의 행복을 구현하기 위해 새로운 사안에 대한 입체적 로케이션Location 분석, 계획·실행·관심에 대한 간단한 비즈니스 도구를 바탕으로 열정을 갖고 인적·물적 자원을 투입하면 성공할 수 있다는 것이다. 그는 원료를 구매할 때도 거시적 분석과 미시적 분석을 통한 전략을 구사했고, 일본 시장 내 제품을 판매할 때에도 일류 상품과 일류 바이어와의 매칭을 염두에 뒀다. 특히 한국 시장을 등한시하지 않고, 협력 회사였던 원양어업의 선두 주자였던 신라교역과의 협력을 잘 이끌어냈던 점도 그가 성공할 수 있었던 비결이었다. 왜냐하면 시장 상황은 치열한 경쟁을 벌이고 있었던 상황에서 원료 확보와 제품 가공, 판매까지 수직 계열화를 구축했기 때문에 다른 경쟁사에 비해 탁월한 경쟁력을 갖추게 됐다. 이런 성과 덕분에 2003년 1월에는 선경그룹 오사카 식품사업부 부장으로 승진했다. 그는 일본 주재원으로 있으면서 한국산 명란 제품과 원료 수입, 삼치 수입 등으로 연간 7천만 달러의 매출을 달성했다. 같은 해 2월에 시애틀로 출장갔을 때 6백만 달러의 계약을 체결했다. 그런데 본사에서 몇 시간이 지나지 않아서 계약을 취소하라는 긴급 연락을 받았다. 본사에서 뭔가 심상치 않은 조짐이 벌어지고 있다는 것을 직감했다. 바이어를 찾아가 자초지종을 설명하자, 위약금을 받지 않고 계약을 취소해줬다.

귀국한 후 상황을 파악해보니, 회사 내부의 문제가 사회적으로 논란이 되고 있었다. 노무현 정부의 출범과 더불어 SK 글로벌 분식 사태로 회사는 휘청거렸다. 이 여파로 일본 주재원 십여 명과 로컬 스태프 90명이 퇴직 처리되는 등 창사 이래 최악의 상황을 맞이했다. 그는 3개월 동안 사후 정리 업무를 수행한 뒤 서울로 와서 사표를 제출했다. 그가 못내 아쉽게 생각하는 것은 2003년 6월 주재원 생활을 끝내고 귀국했을 때, 일본 법인장 후보로 낙점됐었다는 후일담을 우연히 듣게 되었기 때문이다. 즉, 그때 회사 상황이 악화되지 않았더라면 그는 일본 법인장으로 근무했을 것이다.

2003년 하나푸즈 설립… 창업 후 3년 동안 퇴직금으로 버텨

장성배 사장은 사표를 낸 뒤 가족을 데리고 무작정 오사카를 떠나 후쿠오카로 향하는 배를 탔다. 연고가 없는 일본 후쿠오카에서 2003년 하나푸즈라는 회사를 세웠다. 오사카 주재원 시절에 같이 근무했던 일본인 직원이

하나푸즈 로고

함께했다. 하나푸즈의 회사명은 'come together'(서로 함께, お互にご一緒に)
의 뜻을 담고 있다.

　후쿠오카에 회사를 설립하게 된 데는 이유가 있다. 오래 전 우연히
방문한 후쿠오카는 그에게 좋은 인상을 주었다. 부산에서 근무하던 시
절(1990~1993), 중국 사업을 맡고 있었는데, 한 번은 상하이와 후쿠오카
를 거쳐 부산으로 귀국하는 출장을 갔었다. 그때 하룻밤을 후쿠오카에
서 보낸 적이 있었다. 당시 후쿠오카의 첫 인상이 세계에 이런 곳도 있구
나 하는 감명을 받았다. 비자 없이 경유지 상륙 허가를 받고 입국하는 과
정에서 일본 공무원들이 보인 친절함과 합리성이 무척 인상적이었다. 더
불어 환경도 너무나 좋았다. 부산에서 흔히 맡을 수 있는 조금 퀴퀴한 하
수구 냄새도 없었고 거리에는 담배 꽁초 하나 발견할 수 없을 정도로 깨
끗했다. 게다가 부산에서 후쿠오카까지 208km밖에 떨어지지 않아서 비
행기로 30분이면 갈 수 있었다. 교통 접근성이 뛰어난 점도 이곳에 자리
잡게 한 배경이었다.

　일본에서 뿌리를 내리겠다고 다짐한 것은 일본의 장점을 배우겠다

　　　　　　　　수산물 생산-가공-유통을 통해 6차 산업에 도전

는 결심에서 비롯됐다. 일본인의 친절함과 겸손, 배려, 남에게 안 끼치기, 청결, 기술 중시 같은 것과 세계적인 브랜드를 갖게 된 비결을 알고 싶었다.

그렇게 창업을 한 후 매일 부지런히 비즈니스를 찾았지만 준비가 되지 않았기에 시작할 때부터 혹독한 시련을 겪었다. 6개월 동안 단 한 건의 계약도 성사하지 못했다. 회사의 자산이라고 해봐야 조그마한 사무실에 컴퓨터 2대와 전화기 2대밖에 없었다. 아는 사람도 없어서 특별히 영업하러 갈 곳도 없었다. 온종일 마우스의 클릭 소리만 들릴 뿐 사무실에는 전화가 한 통도 걸려오지 않았다. 7개월째 한 재일동포 사장님의 도움으로 원료를 통관하는 일을 맡게 됐다. 그는 단순히 세관 통관 업무를 수행했지만, 수입 서류 작성과 통관 업무, 배달 업무 등 실시간 통관 시스템을 구축했다. 그는 자신에게 일을 맡긴 고객들의 만족도가 높다는 사실을 깨달았다. 그는 창업 후 지금까지 실시간 통관 시스템을 활용해오고 있다. 그는 회사 설립 후 약 3년 동안 집에 생활비로 매월 30만 엔을 줬는데, 퇴직한 후 받았던 퇴직금으로 근근이 버텼던 것이다. 그는 대기업 간부 출신이라는 것만 믿고 준비하지 않은 채 무작정 창업한 것이 얼마나 어리석은 일인지를 처절하게 실감했다.

창업 4년 만에 예전 명란젓 거래 회사를 찾아가서 거래를 부탁했다. 일본 업체는 기다렸다는 듯이 첫 주문을 해주었다. 정말 고마웠다. 부산 공장과도 거래를 재개하여 3년 반 만에 명란젓 가공 시장을 장 사장 회사 전용 가공 공장으로 변모시켰다. 그는 일본 초일류 명란 브랜드인 '카네후쿠kanefuku'에 매주 1억 원어치 명란(4만 식)을 수출하고 있다.

하나푸즈의 매출액 추이

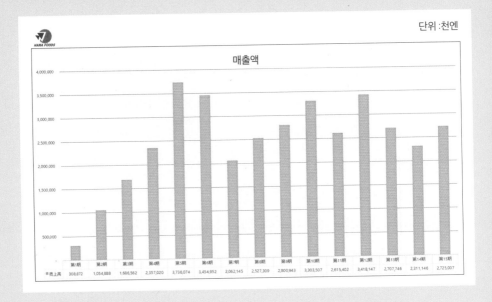

2012년 정부로부터 받은 오백만 달러 수출탑

재기에 성공할 수 있었던 것은 아들 통학 때문?

그가 재기에 성공할 수 있었던 데에는 여러 이유가 있지만, 아들이 어느 정도 역할을 해주었다. 이는 다음과 같은 이유 때문이다. 아들이 규슈 지역의 구루메 부설 중학교(소프트뱅크 손정의 회장의 모교)에 합격하였다. 이 학교는 후쿠오카 시내에서 50km 떨어진 지방에 있는데, 매일 전차로 통학을 해야 했다. 장 사장은 매일 6시에 일어나 전차가 7시 2분에 출발하는 역까지 아들을 태워다 주고 회사로 출근했다. 회사에 비가 오나 눈이 오나 7시 7분에 출근해 9시까지 사장으로서의 업무를 수행하고 9시부터는 거래처 바이어들과 연락을 주고받고 나면 10시 이후에는 시간이 남았다. 그는 이 시간을 대충 허비하지 않고 자신만의 시간으로 활용하기로 결심했다. 그는 자신과 거래했던 업체 사장에게 전화를 걸어 다양한 이야기를 나눴다. 이 과정에서 상대방이 무엇을 원하는지를 알게 되었고, 맞춤 서비스를 통하여 상대방에게 필요한 내용을 제공했다. 그 결과, 그의 평판과 신용이 좋아지면서 어려운 일 또는 난이도가 높은 일도 차츰 수행할 수 있었다. 그는 창업 7년 차가 되어서야 '사업이란 것이 이런 거구나, 돈이라는 것이 이렇게 벌어지구나'를 깨닫게 되었다. 어떤 의미에서 아들 때문에 회사를 안정적으로 경영할 수 있게 됐다.

장성배 사장의 기업 경영에는 풀리지 않는 수수께끼가 있다. 일본 후쿠오카에 하나푸즈를 설립해놓고, 즉 본사를 후쿠오카에 두고서 부산에서 실질적인 사업을 하고 있는 것이다. 여기에는 몇 가지 이유가 있다.

첫째, 한국인이 운영하는 명란젓 가공 회사가 아니라, 일본 회사인데 한국인이 운영하는 회사라는 점을 충분히 활용할 수 있기 때문이다. 그는 컨트롤 타워를 맡고 있는 일본 본사와 명란 제품 가공을 하는 한국 파트너들과 협력하는 것은 물론, 명란 및 참치 사업의 환경을 분석하고 일본 파트너의 신뢰를 얻기 위해 온갖 정성을 쏟았다.

둘째, 수산 산업의 금융의존도가 50% 이상인 점도 일본에 본사를 둔이유다. 왜냐하면 일본의 금융 대출이자가 한국보다 훨씬 저렴하기 때문이다.

셋째, 일본에서 상품을 판매하기가 훨씬 수월하기 때문이다. 일본에서 한국 상품을 판매하려면 수입 절차가 까다롭고, 수입 승인이 났다 하더라도 일본 마트와 거래를 하기 위해서는 품질과 위생에 대한 200가지 항목의 체크리스트를 통과해야 한다. 하나푸즈는 선경 시절에 축적 해왔던 기존 보유 역량과 수입자로서의 기능이 요구되기 때문에 이런 불필요한 과정을 거치지 않는다. 따라서 본사를 부산으로 옮기고 수직 계열화하는 경영을 검토해볼 수 있지만, 아직까지는 이점이 더 많기 때문에 결단을 내리지 못하고 있다.

장 사장은 명란젓 거래 과정에서 원·부자재와 채권, 채무를 관리할 현지 법인으로 2010년 SBC무역을 설립했다. 그가 계열사를 개설한 것은 일본 하나푸즈의 자금이 연간 3억 엔에서 7억엔 정도 투입되지만, 이 자금에 대한 원·부자재와 채권, 채무를 관리할 부산 현지 법인을 설립할 필요성을 느꼈기 때문이다.

또 2014년에 65억 원을 투자하여 원양어선 5척으로 부산에 참치 원양 회사인 3T오션을 설립했다. 그는 사실 2008년 사업다각화의 일환으로 한국에서 잡은 참치를 일본에 수입·판매하는 사업에 뛰어들었다. 이 회사는 참치를 전량 일본으로 수출해 연간 130억 원의 매출을 올리고 있

——————— 수산물 생산-가공-유통을 통해 6차 산업에 도전

었다. 다만 시황에 따라서 원료 확보가 어려워지거나 할 수 없다는 점이 걸렸다. 참치의 안정적 확보가 일본 내수 판매를 좌우하기 때문이다. 부산에 법인이 설립된 3T오션은 1척당 30명의 선원이 승선한다. 그가 총 5척의 선박을 확보하고 있기 때문에 총 150명의 선원이 타고 있다. 한국인 직원은 선장 등 30명이고 대부분의 선원은 미얀마와 인도네시아, 베트남 출신이다. 이들 선박이 잡는 참치의 규모는 척당 400톤이며 대략 연간 15억 엔의 어획고를 올리고 있다. 장 사장은 일본 대형 매장 바이어의 니즈에 맞춰 원양어선을 투입하여 참치를 잡은 뒤 최종 소비자까지 가장 빠르게 공급하는 원스톱 서비스 시스템을 구축했다.

> ▶ **장성배 사장의 6차 산업이란**
> 장성배 사장은 SK그룹 최종현 회장이 강조한 원유에서 섬유까지 수직 계열화를 통하여 기업의 지속적인 발전과 성장을 추구하고 있다는 가르침을, 현재의 사업에 접목시키고 있다. 예컨대 명란 사업도 원료 사업에 진출하여 제품을 만들어 소비자에게 팔고 참치도 어로 사업과 가공, 판매하는?? 원스톱 서비스 시스템을 구축하고 있다. 그는 자신의 경영모델을 원스톱 비즈니스로 표현하고 있다. 태평양에서 1차 산업인 어로 사업을 통해 참치를 확보하고 부산에서 참치를 컷팅한 뒤 일본으로 수출해 키타규슈와 시즈오카에서 2차로 가공한 후 일본 초대형 마트인 COOP KOBE에 독점 납품(3차 유통 서비스)하고 있다.

그는 후쿠오카 하나푸즈에서 1차+2차+3차를 합쳐서 6차 산업으로 규정하고 있다. 이 때문에 마켓에서 다른 업체에 비해 경쟁 우위를 갖고 있다는 것이다. 그는 여러 가지로 미흡한 수산 분야에서 전문성을 갖고 6차 산업을 실천한다는 사명 아래 지금도 새로운 사업 분야에 진출하기 위해 노력하고 있다. 그가 수산 분야에서 정착한 6차 산업의 시스템은 다음과 같다.

먼저 원양 참치 선박에서 잡은 참치를 부산으로 옮긴다.

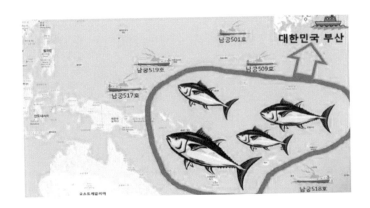

두 번째 단계에서는 부산에서 1차 가공한 후 일본으로 수출한다.

부산에서 1차 가공(컷팅)

1차 가공 후 부산 → 일본으로 수출

세 번째 단계에서는 도쿄와 고베 등 소비자에게 직접 공급한다.

수산물 생산-가공-유통을 통해 6차 산업에 도전

장 사장이 소유한 원양 참치 선박의 모습

'Only One Style Business'로 21세기형 비즈니스 구축

그가 2003년 창업한 뒤 15년 동안 기업을 경영하면서 매달려온 철칙은 수직 계열화를 구축하여 6차 산업을 완성하는 것이다. 그의 경영 철학은 시장에서 1등 하는 기업을 벤치마킹한 뒤 2등으로 비즈니스를 구축하는 것이다. 이를 위해 아마존과 같은 플랫폼을 구축한 회사를 벤치마킹하고 아마존이 흉내 낼 수 없는 감성마케팅을 전개하여 독자적인 생존 능력을 갖춘다는 것이다. 이를 '오케스트라의 하모니를 닮은 경영'이라고 부른다. 그는 그동안 신용 하나로 매출액 500억 원(2017년)을 달성했으며, 임직원 161명을 거느린 중견기업가로 성장했다.

사회 활동 경력은 일천하지만 성심껏 봉사에 나서

그는 부산시 부산진구 전포동에서 2남 2녀 중 막내로 태어났다. 호기심이

1971년에 찍은 가족 사진

2016년에 찍은 가족 사진

많은 아이였던 그는 세 살 때 한글을 읽고 썼으며, 구구단을 암기했다. 양 손으로 피아노를 연주하기도 했다. 이 바람에 어려서부터 신동으로 소문이 자자했다.

부친이 운수업에 종사해서 25평 단층 기와집에는 가족들과 운전수 등 15명이 함께 지내야 해서 무척 시끌벅적했다. 당시 아버지의 회사 규모는 상당히 컸지만 차량 보험이 없었던 탓에 어려움이 많았다. 잦은 인명사고로 인하여 일 년 치 수입이 고스란히 날아가기도 했고, 사고를 낸 직원이 구속되면 교도소 면회도 해야 했으며, 피해 유가족들을 위로해야 하는 경우도 많았다. 게다가 소위 장영자사건에 연루되어 큰 액수의 어음이 부도나는 바람에 살림살이는 넉넉한 편이 아니었다.

초등학교 때부터 8톤 덤프트럭을 몰고 토석장에서 건설 현장까지 흙을 싣고 운반하는 아버지의 조수로서 잡일을 도와드렸다. 이 과정에서 시간을 다투는 성과급 작업과 하루 왕복 몇 번을 해야만 수익을 내는지에 대한 것, 진성어음 같은 실물경제를 익히게 됐다. 사실 아버지의 조수 역할을 자청한 것은 가장 맛있는 자장면을 얻어먹을 수 있었기 때문이었다.

부모님은 4남매의 학비를 보태느라 살림이 쪼들렸던지, 서울대학교가 아니면 서울 유학을 보내지 않겠다고 하셨다. 그는 1982년도에 부산대학교 경영학과에 입학했다. 위의 형님과 넷째 여동생은 모두 서울대를 졸업하고 부경대학교 산업안전공학과 교수와 장안고등학교 교사로 각각 재임하고 있다.

장 사장은 부하 직원이었던 아내와 결혼하여 아들과 딸을 각각 1명씩 두고 있다. 아들은 일본 도쿄대 기계공학과 3학년에, 딸은 일본 규슈대 방사선과 3학년에 각각 재학 중이다.

2016년 구마모토 지진 발생 때 교민 및 여행객 안전 구조 활동 후 모습

2018년 제1회 재일본 규슈 한인의 밤 음악회 주최

그는 자신의 사회 활동 경력이 일천하다고 말한다. 왜냐하면 오랫동안 회사에 안정적인 경영 시스템을 구축하는 데 심혈을 쏟았기 때문이다. 2012년 1월에서야 재일본 큐슈한인회 부회장 직을 맡았으며 현재는 이사로 활동하고 있다. 2015년 6월부터 세계한인무역협회 후쿠오카 지회의 수석부회장으로 활동했으며 지금은 상임이사 직을 맡고 있다.

가장 인상적인 봉사 활동은 2016년 4월 16일에 발생한 구마모토 지진 구호 활동이다. 당시 교민이었던 정영진 대표가 운영하던 아소 야마나미 골프클럽과 리조트의 피해가 심각하여 3천만 원의 성금을 전달했다. 후쿠오카 총영사관의 협조를 얻어 구마모토를 찾았다가 지진으로 귀국이 어려워진 여행객을 위해 비상 식량을 제공하고 대형 버스 5대를 수배하여 약 200명의 여행객이 안전하게 귀국할 수 있도록 도왔다.

2013년에는 국내 인턴 채용 사업에 참여하여 부산대학교 출신 1명을 정식으로 채용하였는데 그는 현재 한국에서 청년기업가로 활동하고 있다. 이밖에도 장 사장은 월드옥타 후쿠오카 차세대 무역스쿨에서 후진 양성에도 힘을 쓰고 있다. 이밖에 그 당시 일본에서 활약하고 있던 야구 선수 이대호와 축구 감독 윤정환의 후원회 활동에도 참여했다.

장성배 사장은 재외 교포로서 남달리 느끼는 애국심과 정체성을 기업 경영은 물론 사회 봉사 활동에도 담고 있다고 한다. 그는 차세대 글로벌 인재 양성과 음악 공연 등의 방법으로 재능을 기부하고 있다. 그러나 무엇보다 장성배 사장은 자나깨나 6차 산업을 꼭 성취하고 싶어한다.

출생	부산(1964년생)
학력	부산대학교 경영학과 졸업(1987)
이주 연도	2000년
회사 연혁	일본 후쿠오카에서 하나푸즈 설립(2003)
	부산 SBC무역 설립(2010)
	부산 3T오션(참치 원양 회사) 설립(2014)
주요 경력	1. 주식회사 선경(SK) 입사(1987)
	- 명란 수출 1억 달러 달성
	2. SK그룹 일본 주재원 부임(2000)
	- 한국 상품 연간 7천만 달러 수입
	3. 하나푸즈 설립(2003)
	- 러시아 및 미국의 명란 원료를 부산으로 수입·가공하여 일본 유통
	4. 대일 수출 공헌에 앞장을 섬
	- 선박 5척으로 참치를 잡아서 가공, 최종 소비자에게 가장 빠르게 전달
주요 활동	1. 재일본 규슈한인회 부회장(2015, 현재는 이사)
	2. 세계한인무역협회 후쿠오카 지회 수석부회장(2015~현재)
	3. 세계한인무역협회 상임이사(2016~현재)
	4. 2018 동경 통합무역스쿨에 후쿠오카 차세대 리더 7명을 수료시킴
	5. 2018 큐슈 지역 한인의 밤 행사 기획 및 준비
	6. 구마모토 지진 발생, 교민 및 여행객 안전 구조 활동/교민기업 성금 전달
사회공헌 활동	1. 모국 청년 해외 취업 및 인턴 활동 지원
	2. 2013년 한국 학생 2명에게 인턴 교육(1개월간) 지원
	3. 2015~2017년(2년간) 한국 청년 1명 채용
경영철학	1. 자신의 재능을 모국에 환원하고 봉사하는 데 주력
	2. 남이 흉내낼 수 없는 독창적인 사업 구조에 올인
	3. 원유에서 섬유까지 등 6차 산업에 도전한다
수상 실적	제53차 무역의 날 국무총리 표창(2016년)

장성배·하나푸즈 사장 —————

글을 마치면서

1. 장보고한상의 개념

장보고한상은 장보고(상단)과 한상韓商의 단어를 조합한 것이다. 장보고상단은 9세기 초에 장보고 청해진 대사가 당과 일본에 견당매물사와 대일회역사를 각각 파견하여 한·중·일 해상 무역을 독점했던 국제민간무역집단이었다. 반면 한상韓商은 19세기부터 지금까지 해외로 이주·정착했던 재외 동포 경제인들 가운데 대한민국의 경제 영토와 문화 영토를 세계로 확장하여 한민족경제공동체 형성에 앞장을 선 '글로벌 기업가'를 의미한다.

장보고한상, 코리안 디아스포라와 연결되다
그렇다면 장보고와 한상 등의 이질적인 단어를 조합시킨 이유는 무엇인가?

첫째, 한상은 장보고의 후예다. 이는 장보고의 업적과 한상들의 역할이 비슷하기 때문이다. 장보고상단은 당唐나라의 연안 무역을 장악했던 재당 신라인 출신의 무역상과 일본의 경제권을 장악했던 재일 신라인 상인 세력을 연계함으로써 세계 최초로 글로벌 민간 사무역을 전개했었다. 오늘날 종합무역상사와 같은 역할을 수행한 것이다. 이처럼 장보고상단이 성공할 수 있었던 것은 당과 일본에 이주·정착한 재당·재일 신라인 디아스포라Diaspora는 물론, 신라 본국인과 글로벌 네트워크를 구축했기 때문이다. 이로써 한·중·일 해상 무역을 독점했던 것이다.

마찬가지로 한상은 1863년 13가구의 농민들이 연해주로 농업 이민을 떠난 이후부터 오늘날까지 해외에 이주하여 기업을 창업하거나 장사를 통해 정착에 성공한 재외 동포 경제인들 가운데 글로벌 네트워크 구축을 통해서 한민족 경제공동체를 형성하려는 한국 출신 사업가(상인)를 뜻한다. 다만 한상의 범주를 해외에 거주하는 재외 동포 경제인 출신으로 굳이 제한하지는 않고 있다. 이처럼 대한민국의 경제 영토와 문화 영토를 해외로 확장하는 데 앞장을 서는 한상은 2002년에 세계 각국의 재외 동포 경제인들 간의 교류를 위해 세계한상대회를 개최했을 때 공식적으로 사용됐던 단어다. 한상의 유래는 1991년 싱가포르에서 개최된 세계화상대회의 화교 상인을 의미하는 화상華商을 벤치마킹한 것이다.

4세기부터 9세기까지 500년 이상 한민족 구성원(가야인, 백제인, 고구려인, 신라인, 통일신라인을 포함)들이 대규모로 해외로 이주하는 과정에서 장보고상단이 탄생했다. 마찬가지로 한상은 세계 곳곳에 이주·정착한 재외 동포경제인의 글로벌 통합네트워크 구축을 통해 한민족경제공동체를 지향하고 있다. 이런 맥락에서 장보고 상단은 범신라인 디아스포라의 중심이었고, 한상은 코리안 디아스포라의 핵심이었다.

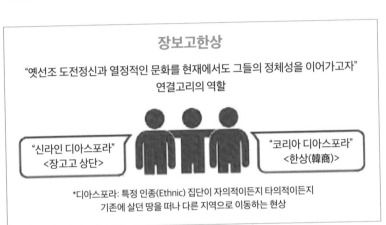

<그림 1-1> 장보고한상의 개념

그렇다면 재외 신라인·코리안 디아스포라는 어떤 과정을 거쳐 형성됐을까? 앞서 재외 신라인 디아스포라를 대표하고 상징하는 집단으로 장보고상단을 꼽았다. 그 이유는 장보고상단이 재외 신라인 디아스포라의 전폭적인 도움을 받아서 통일신라의 경제 영토와 문화 영토를 해외로 확장하는 등 지대한 업적을 남겼기 때문이다. 우선 장보고상단이 태동하기 이전의 동북아시아 국제교역을 살펴보면, 관영무역 또는 공公무역만이 존재했었다. 사私무역은 일체 금지됐는데, 그 이유는 절대봉건왕조 체제와 깊게 관련되어 있다. 당시 황제 또는 왕은 자신이 지배한 땅(산과 들 등)은 물론 그곳에 사는 주민, 그리고 그들이 생산한 제품 등 모든 것을 소유하고 있었다. 따라서 황제 또는 왕의 허락을 받지 않고 이들 소유물을 외국과 교역하는 행위는 대역죄로 다스렸다. 따라서 사무역을 한 상인 등은 유배를 당하거나 처형당하기 일쑤였다. 그러나 절대봉건왕조 체제에서 장보고 대사가 이끄는 상단은 국제민간무역, 즉 사무역을 벌였던 것이다.

장보고상단, 관영 무역에서 사무역으로 패러다임 전환

그렇다면 장보고상단은 관영 무역 체제에서 어떻게 사무역을 전개할 수 있었을까? 이는 755년 발발한 안녹산과 사사명의 난 이후 중앙정부의 지방 통제 체계가 무너지면서 절대봉건왕조의 권력이 약화됐기 때문이다. 장보고상단은 당과 일본에 거주하고 있었던 재외 신라인사회의 영향력을 십분 활용했다. 장보고가 당나라로 건너가기 훨씬 전부터 중국과 일본에는 이주·정착에 성공했던 범汎신라인 디아스포라(가야·백제·고구려·신라 또는 통일신라인 포함)들이 자율적이면서도 강력한 커뮤니티를 형성하고 있었다.

좀 더 구체적으로 살펴보면 고대 중국과 일본에는 오래전부터 한민족 구성원들이 이주·정착했다. 전쟁에 패해서 포로로 잡혀간 사람, 나당연합군의 공격을 받아 패망한 백제 및 고구려의 유민으로 끌려간 사람, 타의 또는 자발적으로 해외로 이주했던 사람이 모두 수십 또는 수백만이 넘는 것으로 추정되고 있다. 이들 한민족 이주민들은 끈기와 근면성 등으로 당나라와 고대 일본에서 강력하고 독자적인 재외 신라인 디아스포라를 형성하고 있었다. 사료에 등장하는 신라방과 신라촌, 신라소(新羅所; 오늘날 한인회와 영사관을 합친 자치행정 기관), 신라관(신라 사신이 머물던 영빈관), 신라원(신라 출신 승려가 운영하는 사찰) 등이 중국에 존재하고 있었다. 일본에는 한반도 도래인으로 불리는 가야인·백제인·고구려인·신라인 디아스포라들이 씨족 중심의 마을 공동체를 형성하고 있었다.

장보고 대사가 828년 청해진을 설진한 뒤 견당매물사와 대일회역사 등 독자적인 상단을 중국과 일본에 각각 파견할 수 있었던 것도 바로 재외 신라인 사회가 형성되었기 때문에 가능했다. 따라서 장보고가 1200여 년 전에 글로벌 경영을 주도할 수 있었던 성공 비결도 신라 본국인과 재당·재일 신라인 디아스포라의 글로벌 네트워크를 구축했기 때문에 한·중·일 해상 무역을 독점했던 것이다. 더욱이 장보고상단은 페르시아 상인 등 아랍상단들과 전략적 제휴를 맺어 명주(明州: 오늘날 닝보)에서 중국, 신라, 일본의 특산품을 아랍상단에게 넘겨주고, 이들이 가져온 동남아 및 중동의 호화 사치품을 받아서 한·중·일에 공급하는 중계무역을 주도했다. 이밖에 장보고는 오늘날 영성시에 적산법화원이라는 사찰을 세워 신라 언어와 문화를 재당신라인들에게 전수해줬던 것이다. 이러한

글을 마치면서

신앙공동체를 형성함으로써 해외에 거주하는 한민족 구성원들(가야·백제·고구려·신라)의 민족 정체성 확립에도 앞장을 섰다.

코리안 디아스포라, 한민족경제공동체 한상 태동시켜

마찬가지로 한상은 조선 말기부터 오늘날까지 강제 또는 타의에 의하거나 경제적인 이유로 해외로 대거 이주했던 재외 동포, 코리안 디아스포라와 긴밀한 관계를 맺고 있다. 코리안 디아스포라는 1863년 가뭄과 흉년 등으로 기근에 시달리던 농민 13가구가 연해주로 농업이민을 떠났던 것을 기원으로 삼고 있다. 유럽 등의 제국주의국가들이 식민지 쟁탈전을 벌이기 위해 서세동점西勢東漸하던 19세기 말에 많은 조선인이 간도와 만주 등지로 이주했다. 이와 함께 일본제국주의가 조선을 식민지로 통치하던 시기에는 수많은 독립지사 등이 잃어버린 나라를 되찾기 위해 해외로 이주했다. 이밖에 일제가 토지조사령과 삼림령, 회사령 등을 내세워 토지를 약탈하는 과정에서 수백만 명의 소작농이 노동자로 전락하여 강제로 일본으로 끌려갔다. 더욱이 간도, 일본 등지로 강제 이주했던 한인들 중 상당수가 8·15광복 후 고국으로 돌아오지 못한 채 중국과 일본에 남았다. 남북 분단으로 일본에는 조총련 또는 재일민단이, 중국에는 조선족사회가, 러시아 및 중앙아시아에는 고려인사회가 각각 형성됐다. 이와 더불어 6·25전쟁의 발발로 인한 국제결혼과 해외 입양으로 수많은 국민이 해외로 이주했다. 이밖에도 많은 광부와 간호사가 독일로 취업이민을 떠났거나, 중남미로 농업이민을 떠나는 등 다양한 해외 이주가 이루어졌다. 이처럼 해외 이주를 한 코리안 디아스포라의 숫자가 180개국 750만 명에 이르고 있다. 이들 중 현지에서 자영업 또는 기업을 창업하여 모국(대한민국)의 상품을 현지에 판매하는 데 앞장을 선 재외 동포 경제인이 많다. 이들 경제인들 가운데 세계 곳곳에 활약하는 한인 무역상들끼리 자연스럽게 글로벌 네트워크를 구축했다. 그 단적인 사례가 세계한인무역협회(월드옥타)다. 1981년에 설립되어 모국의 경제 발전과 수출 촉진을 위해 활동하고 있는 월드옥타는 전

<표 1-1 범신라인·코리안 디아스포라의 형성사 비교>

구분	범신라인 디아스포라	코리안 디아스포라
이주 유형	강제 이주 타의에 의한 이주 경제적 이주 자발적 이주	강제 이주 타의에 의한 이주 경제적 이주 자발적 이주
거주공동체	신라방, 신라촌, 신라원	코리안 타운, 한인회(영사관)
경제공동체	견당매물사, 대일회역사 재외 신라인 경제공동체	세계한인무역협회(월드옥타) 코참 등 다양한 경제단체 한민족경제공동체
신앙공동체	힝해 사찰 적산법화원 창건 법화 신앙공동체 형성	교회, 성당, 사찰 등 건립 종교(신앙)공동체 형성
한민족 문화정체성	신라물해(韓流), 신라어 구사 및 신라풍습 보존	한류 열풍(K-pop) 드라마 게임 한식 세종학당
업적	통일신라의 경제 및 문화 영토를 해외에 확장한 공로	대한민국의 경제 및 문화 영토를 해외에 확장한 공로

글을 마치면서

세계 73개국 144개 지회에서 7,000여 명의 재외 동포 CEO와 차세대 경제인 20,000여 명이 한민족 해외 경제네트워크를 구축하고 있다. 이상에서 살펴봤을 때 범신라인·코리안 디아스포라의 형상사를 비교해보면 이주 동기, 과정, 커뮤니티 구축 등에서 매우 유사하다.

2. 장보고한상 어워드 제정 배경 및 연혁

장보고한상 어워드를 제정하게 된 것은 장보고의 도전 정신 및 개척 정신과 글로벌 마인드, 성공 비결과 경영 철학, 글로벌 경영 노하우 등을 재외 동포 경제인들에게 선양하기 위해서이다. 다만 장보고 위인전을 읽고 자랐던 어린이들은 장보고를 '영웅'으로 인식했지만, 중·고등학교에 진학하면서 장보고의 스토리를 '호랑이 담배 피우던 시절의 케케묵은 이야기'로 치부하고 더는 그의 리더십 등에 대해 관심을 갖지 않는 경우가 허다하다. 특히 9세기 초에 세계 최초로 세계인으로서의 업적을 남겼다고 하더라도 ICT 기술이 최고로 발달된 21세기에 살고 있는 현대인들에게는 먹혀들지 않았다. 필자는 청해진을 설진한 뒤 불과 13년 만에 한·중·일 해상 무역을 독점했을 뿐만 아니라 중동 등 페르시아 상인들과 중계무역을 통해 동서무역을 주도했던 '세계 최초의 세계인' 장보고의 진면목을 후세들이 제대로 인식할 수 있는 방안을 찾기 시작했다. 왜냐하면 장보고의 성공 스토리는 코리안 디아스포라들이 벤치마킹해야 할 '글로벌 경영' 모델이

요, 계승·발전시켜야 할 '핵심 가치'이기 때문이다. 오랜 고심 끝에 찾아낸 해법이 '장보고한상 어워드의 제정'이었다.

어워드 제정 목적, 장보고의 글로벌 경영 노하우 선양

둘째, 장보고한상 어워드를 제정한 것은 장보고의 성공 비결과 성공 전략을 계승하여 오늘날에 실천하는 오늘날의 '장보고'를 찾아서 인증하자는 방안을 모색하기 위해서이다. 이는 장보고 대사가 당과 일본에 이주한 후 정착에 성공했던 재당·재일 신라인사회의 전폭적인 지지를 이끌어냈던 점을 벤치마킹하는 방안을 모색하려는 것이다. 이처럼 장보고한상 어워드는 장보고의 도전 정신, 개척 정신, 글로벌 경영 모델을 재외 경제인들이 계승·발전시킴과 동시에 한상의 글로벌 네트워크를 구축하여 한민족경제공동체의 형성에 앞장서자는 것이다. 이를 위해서 향후 세계경제를 주도하는 글로벌 인재를 육성하기 위한 모델로 '장보고한상 어워드'가 필요하다고 본다.

그렇다면 이들 범凡신라인들이 당나라로 건너온 장보고를 물심양면으로 지원해던 이유는 무엇이었을까? 당나라 문등현의 신라소 대사로 있었던 장보고는 뿔뿔이 흩어졌던 고구려 및 백제의 유민들과 그들의 후손들, 그리고 신라인을 포함한 통일 신라인들을 '하나로 뭉칠 수 있는 촉매제의 역할'을 수행했을 것으로 보인다. 장보고는 석도진 적산포에 항해 사찰인 적산법화원을 창건하여 당나라 연안에 거주하던 재당 신라인들이 관세음보살 신앙으로 뭉칠 수 있는 계기를 제공했던 것이다.

　　장보고상단은 통일신라 시대의 첨단 기술인 해상 운송 기술을 활용하여 당과 일본에 이주·정착한 재당·재일 신라인사회를 글로벌 네트워크로 구축했던 것이다. 당시 통일신라는 고도의 항해술과 조선술을 통해 원항 항해에 적합한 선박을 건조할 뿐만 아니라 천문 또는 지문을 통해 안전 운항을 전담하는 고급 해운 인력을 확보하고 있었다. 이 때문에 장보고상단은 산동성 석도진과 후쿠오카 다자이후大宰府에 무역사무소를 설치, 해외의 진귀한 사치품과 특산품을 팔고 사는 중계무역을 할 수 있었다. 즉, 당나라의 연안 무역을 장악하고 있던 재당 신라인 무역상과 일본의 경제권을 장악한 한반도 출신 도래인들을 하나로 묶는 글로벌 네트워크를 구축함으로써 한·중·일 해상 무역을 독점하는 시너지 효과를 거뒀던 것이다. 따라서 세계 180개국에 흩어져 있는 재외 동포 경제인을 글로벌 네트워크를 통해 한민족 경제공동체로 묶어내기 위해서는 하나로 뭉칠 수 있는 구심점이 필요하다는 것이다. 바로 그 구심점으로 장보고한상 어워드를 제정한 것이다.

장보고한상, 미래의 글로벌 인재 양성에 초점

그렇다면 장보고한상 어워드는 기존의 상賞과 어떤 차이점이 있을까?

　　첫째, 이 상의 수상자들에게는 상금이 주어지지 않는다. 대신 수상자들의 삶과 기업 경영, 경영 철학 등을 밝힌 성공 스토리를

'장보고한상 명예의 전당'에 헌정하는 '특전'이 제공되고 있다. 이는 장보고의 글로벌 마인드와 글로벌 경영 전략을 후세들에게 전수하자는 것과 같은 의도에서 벤치마킹한 것이다. 왜냐하면 장보고 대사의 삶과 업적을 기록했던 당나라 시인 두목杜牧과 일본 고승 엔닌圓仁의 숭고한 정신을 계승하는 측면에서 의도적으로 기획한 것이기 때문이다. 이들 저술가들은 생전에 장보고를 만난 적이 단 한 번도 없다. 그럼에도 불구하고 두목은『번천문집翻天文集』을, 엔닌은『입당구법순례행기入唐求法巡禮行記』를 각각 남겼다. 이들의 기록이 없었다면 장보고의 삶과 업적 등은 역사 속으로 사라졌을 것이며, 오늘날까지 이름도 남기지 못했을 것이다. 특히 이들의 저술은 반역자로 낙인찍혔던 장보고를 해상왕 또는 해신으로 재평가를 받게 해준 결정적 계기를 만들어줬다. 어떤 의미에서 장보고는 죽어서 이들 저술가의 덕을 본 것이다. 따라서 장보고한상 어워드는 수상자의 성공 스토리를 후세들에게 어떻게 하면 잘 전달할 수 있을까에 대해 관심을 가졌다. 이는 수상자의 성공 스토리가 후세들에게 꿈과 비전, 동기부여를 제공하는 킬러 콘텐츠Killer contents로 인식되었기 때문이다.

둘째, 장보고한상 어워드는 수상자의 성공 스토리를 접했던 어린이와 청소년들에게 꿈과 비전을 심어줘서 향후 글로벌 인재로 발돋움할 수 있도록 도와주자는 것이다. 따라서 장보고를 비롯한 수상자의 글로벌 경영 비결과 성공 전략 등을 후손들이 고스란히 전수받아서 자신들의 삶과 조직의 발전, 더 나아가 국가 발전의 전략으로 활용되기를 서원誓願했던 것이다.

셋째, 일반적인 상은 수상하는 걸로 모든 것이 끝난다. 그러나 장보고한상 어워드는 매년 선정되는 수상자들의 네트워크를 구축하고 있다. 기수가 다른 수상자들끼리도 자주 모이는 행사를 개최하고 있다. 향후 '장보고한상 어워드 수상자협의회'를 발족할 방침이다.

2016년 첫 수상자 배출… 재외 동포 대상 가장 명예로운 상

2016년에 제정된 '장보고한상 어워드'의 취지는 장보고의 도전 정신과 개척 정신을 계승한 재외 동포경제인 가운데 대한민국의 경제 및 문화 영토를 확장하고 한인사회의 발전에 기여함은 물론, 한민족 정체성 확립에 앞장을 선 韓商들을 대상으로 21세기 장보고 대사로 인증, 예우하자는 것이다.

이 상을 제정한 단체는 완도군과 사단법인 장보고글로벌재단이다. 장보고글로벌재단은, 2012년 광주광역시에 등록된 사단법인 장보고CEO포럼(공동대표 황상석·최은모)과 2013년 문화체육관광부에 등록된 사단법인 장보고기념사업회를 2016년 3월 16일 통합됨으로써 설립되었다. 특히 해양수산부로부터 5월 16일 인가를 받은 장보고글로벌재단(이사장 김성훈)은 완도군(신우철 완도군수)의 재정적 지원을 받아 7월 15일부터 8월 30일까지 어워드 공모를 진행했다. 제1회는 공모 기간이 짧은 데다 장보고한상 어워드에 대한 홍보가 미흡했기에 대상 수상자를 배출하지 못했다. 제1회 수상자는 다음과 같다.

<표 1-2> 2016(1회) 장보고한상 어워드 수상자 명단

구분	상의 종류	수상자
대상	헌정자	없음
최우수상	국회의장상	차봉규 중국절강이우차씨공무유한공사 대표(중국)
우수상	산업통상자원부 장관상	이연수 유비바이오 사장(뉴질랜드)
우수상	해양수산부 장관상	장영식 에이산그룹 사장(일본)

2016(1회) 장보고한상 어워드 시상식. 2016년 9월 30일 국회의원회관 소회의실

2017(2회) 장보고한상 어워드의 공모 기간은 5개월(3월 1일부터 7월 31일까지)로 늘렸다. 수상자 명단은 다음과 같다.

<표 1-3> 2017(2회) 장보고한상 어워드 수상자 명단

구분	상의 종류	수상자
대상	헌정자	홍명기 M&L Hong 재단 이사장 (듀라코트 창업자)
최우수상	국회의장상	정한영 한영 E&C 회장(중국)
우수상	산업통상자원부 장관상	김승호 짐킴 홀딩스 회장(미국)
우수상	해양수산부 장관상	이재구 아이엘국제물류유한공사 동사장(중국)

2017 장보고한상 어워드 시상식

2018(3회) 장보고한상 어워드 수상자 명단은 다음과 같다.

<표 1-4> 2018(3회) 장보고한상 어워드 수상자 명단

구분	상의 종류	수상자
대상	헌정자	박종범 영산그룹 회장(오스트리아)
최우수상	국회의장상	안청락 상익그룹 회장(중국)
우수상	문화체육관광부 장관상	박상윤 상해상윤무역유한공사 사장(중국)
우수상	농림축산식품부 장관상	윤선규 다오래그룹 회장(말레이시아)
우수상	산업통상자원부 장관상	최분도 PTV그룹 회장(베트남)
우수상	해양수산부 장관상	장성배 하나푸즈 사장(일본)

장보고한상 어워드 공고와 접수

장보고한상 어워드 공모 및 심사 절차는 다음과 같다. 매년 3월 1일부터 7월 31일까지 추천하거나 직접 지원서를 제출할 수 있다. 한 달가량 평판 및 공모내용의 사실관계 확인을 거친 후 9월 초에 심사위원회 회의를 통해 수상자를 결정한다. 시상식은 10월 세계한상대회 또는 월드옥타 세계한인경제인대회 기간 사이에 개최하며 수상자 부부는 2박 3일간 완도투어를 하게 된다. 자세한 내용은 장보고글로벌재단 홈페이지www.changpogo.net를 참조하면 된다.

글을 마치면서

2018 장보고한상 어워드 시상식에 참석한 역대 수상자들의 모습

3. 장보고한상 명예의 전당의 역할

21세기 장보고로 인증을 받은 어워드 수상자의 성공 스토리를 기획전시하는 공간이 '장보고한상 명예의 전당Chang PoGo Hansang Hall of fame'이다. 명예名譽의 전당Hall of fame의 유래는 한 나라를 빛낸 인물들을 기리거나 스포츠 및 예술 등 한 분야에서 뛰어난 활약을 보인 사람을 기념하기 위해 설립된 박물관 또는 단체, 모임을 뜻한다. 명예의 전당의 개념은 1853년 독일 바이에른의 역사를 빛낸 인물을 기리는 루메스할레Ruhmeshhalle에서 유래된 것으로 알려졌다. 따라서 '명예의 전당'은 '탁월한 업적을 남긴 인물'을 추앙하는 방법으로 활용

되고 있다. 다만 기존 명예의 전당과 장보고한상 명예의 전당의 특징을 비교하면 다음과 같다.

<표 3-1> 기존 명예의 전당과 장보고한상 명예의 전당 특징 비교

분류	기존 명예의 전당	장보고한상 명예의 전당
위촉	선정 공모 및 추대	선정 공모 및 추대
시기	매년 또는 부정기적	매년 선정
수상자 예우	시상금 없음(일부 있음) 헌정자의 흉상 및 부조를 세움	시상금 없음 성공 스토리 전시 중심
취지	위대한 인물의 업적을 기림	장보고를 한상의 정신적 지주
사업 영역	관광 상품 개발	성공 스토리 및 만화 출판 기업가 정신, 교육프로그램 개발
부수 효과	위대한 인물에 대한 존경심 표현 역사적 스토리가 대상	청소년과 청년, 巨商 동기부여 제2, 제3의 장보고 인재 육성
시상 분야	헌정자로 국한	헌정자 외에 최우수, 우수 등 6개 분야로 다양함
기대 효과	헌정자를 선정할 때 일시적 관심	수상자 홍보 효과 탁월 관람객의 관심과 흥미를 다수 유발

이상의 내용을 살펴볼 때 기존 명예의 전당과 장보고한상 명예의 전당의 가장 큰 차이는 수상자의 예우에 달려 있다. 기존의 핵심은 헌정자의 흉상과 부조를 세우는 것이다. 이에 반해 장보고한상 명예의 전당은 수상자의 성공 스토리를 전시하는 것이 핵심이다.

글을 마치면서

2017년 4월 14일 장보고한상 명예의 전당 개관식에 참석한 내빈들

그렇다면 '장보고한상 명예의 전당'의 역할에는 어떤 것이 있을까?

첫째, 장보고의 도전 정신과 개척 정신으로 글로벌 경영을 실천하고 대한민국의 경제 및 문화 영토를 확장하는 데 앞장을 선 재외 동포 경제인들 가운데 한인사회의 발전과 한민족 정체성 정립, 한민족경제공동체의 형성에 앞장을 선 한상들을 선정하여 21세기의 대사로 인증했다는 사실을 대내외에 공표하는 '성스러운 장소'로 인식될 수 있다.

둘째, 이 명예의 전당을 방문하는 재외 동포 및 차세대 지도자들에게 한민족의 자긍심과 자존심을 심어주는 교육의 장소로 활용할 수 있다. 즉, 이민 2, 3세 등 차세대 한인들이 자신의 선조들이 어떻게 해외로 이주했으며 어떤 정착 과정을 거쳐 고통과 아픔을 이겨냈던지에 대한 내용을 배우는 교육 장소로 활용하자는 것이다.

셋째, 명예의 전당에 전시된 수상자의 성공 스토리를 관람하는 어린이와 청소년들에게 해외 진출을 통해 글로벌 인재로 성장할 수 있도록 꿈과 동기를 부여하는, 소위 '비전을 심어주는 장소'로 활용하자는 것이다.

넷째, 이 명예의 전당에 재외 신라인·코리안 디아스포라의 형성 과정을 체계적으로 전시함으로써 '한민족의 해외 이주 역사 전시관'으로 활용하자는 것이다. 지금까지 신라인 디아스포라의 형성 과정은 한민족 해외 이주 역사에서 다뤄지지 않고 있다.

다섯째, 이 명예의 전당을 한국어와 전통문화를 전수받는 '한민족의 정체성을 함양하는 장소'로 활용하자는 것이다. 즉, 한민족의 문화정체성을 전수받는 체험 공간으로 활용하자는 것이다. 그동안 재외 동포들은 먹고 살기에 급급한 나머지 자식들에게 한국어를 가르치지 않거나 한민족의 문화정체성을 고취시키지 못했고 그 결과 거주국에 동화되는 경우가 흔히 발생했다. 따라서 고유의 문화정체성을 간직하면서도 주류 사회에 당당하게 진입하여 한민족의 후예로 활약하자는 것이다.

여섯째, 이 명예의 전당을 한민족경제공동체를 실현할 수 있도록 재외 동포 경제인들 간의 상생과 협력모델을 창출하는 공간으

글을 마치면서

로 활용하자는 것이다. 예컨대 유대인과 화상華商들이 결속력을 갖고 서로 돕는 경제공동체를 실현하자는 것이다. 세계화 시대에 부응하여 재외 동포 경제인들이 세계경제를 주도할 수 있도록 한민족경제공동체를 구축·체험할 수 있는 교육 공간으로 꾸며 보자는 것이다.

일곱째, 명예의 전당을 과거의 장보고와 오늘날의 장보고를 통해 '미래의 장보고'로 연결하는 '소통의 장소'로 활용하자는 것이다. 이는 해외 이주 및 정착 과정에서 세대 간 또는 지역 간의 불필요한 갈등으로 분열되는 사례들이 빈발하고 있는 것도 소통 부재의 원인으로 꼽히고 있기 때문이다. 그러나 장보고한상 명예의 전당의 설립 목적이 어워드 수상자의 성공 스토리를 통해 '오늘의 장보고' 대사로 인증하는 것이라면, 이를 관람하는 어린이와 청소년들이 향후 세계경제를 주도하는 '미래의 장보고'를 육성될 수 있도록 꿈과 동기를 부여하는 곳으로 활용하자는 데 있다.

한민족의 사표	경제 및 문화영토 확장 한상 지도자	청소년과 청년 거상의 꿈 동기부여
\<과거의 장보고 대사\>	\<현재의 장보고\>	\<미래의 장보고\>

이로써 장보고한상 명예의 전당은 한민족의 해외 이주 역사를 새롭게 정립하는 전초기지로 활용하자는 것이다. 왜냐하면 두목과 엔닌 등의 기록은 장보고의 성공 스토리가 오늘날까지 전수될 수 있었던 원동력이었기 때문이다. 예컨대 오늘날 탁월한 업적을 남긴 장보고한상 어워드 수상자에 대한 기록을 후세들에게 전수하자는 것이다. 따라서 수상자의 성공 스토리에 대한 기록은 해외에 거주하는 재외 동포들이 거주국에 동화하는 대신, 한민족의 정체성을 유지할 수 있도록 도움을 주자는 것이다.

<참고 자료>

장보고한상 어워드 공모 규정

2016. 6. 21 제정
2018. 2. 23 개정

제1조(목적)

이 규정은 "장보고한상 명예의 전당 어워드(이하 "상"이라 한다)"의 시행에 필요한 사항을 규정함을 목적으로 한다.

제2조(명칭)

이 상은 "장보고한상 명예의 전당 어워드(Changpogo-Hansang Hall of Fame Award)"라 한다.

제3조(제정 취지)

이 상은 한민족의 후예로서 장보고 대사의 기업가 정신인 개척 정신과 도전정신을 실천하며 오늘날 모국의 경제 발전 및 문화 영토 확장에 지대한 공헌을 한 한상 기업인을 '장보고한상 명예의 전당'에 헌정함으로써 장보고 대사의 위업을 널리 선양함을 그 취지로 한다.

제4조(헌정위원회)

① 이 상의 주최는 장보고한상 어워드 헌정위원회(이하 "헌정위원회"라 한다)이다.
② 헌정위원회의 위원장은 장보고글로벌재단 이사장으로 한다.
③ 헌정위원회는 재단과 완도군, 후원 부처 등의 관계자와 재경 완도향우회

임원들로 구성한다.

④ 헌정위원회는 장보고한상 어워드의 공정한 심사를 위해 전문가들로 구성
된 심사위원회를 둔다.

제5조(사업 계획의 수립)

재단은 이 상이 한상 기업인에게 주는 최고의 명예로운 상으로 운영되는 데 필
요한 사업 계획을 수립·추진하여야 한다.

제6조(명예의 전당 설치)

① 재단은 수상자들의 성공 스토리를 공유·파급시키기 위해 "명예의 전당"을
설립·운영한다.

② 이 상 수상자들은 "명예의 전당"의 헌정자가 되며, 생애, 업적, 기록물 등을
전시·홍보한다.

③ 재단 홈페이지에 제1항과 별도로 "사이버 명예의 전당"을 운영한다.

제7조(상의 종류)

① 이 상의 훈격은 다음 각 호와 같다.

　　1. 대상 : 헌정자

　　2. 최우수상 : 국회의장상

　　3. 우수상 : 문화체육관광부 장관상, 농림축산식품부 장관상, 산업통상자
원부 장관상, 해양수산부 장관상

② 상의 훈격은 재단 이사회를 거쳐 변경할 수 있다

제8조(후보자 자격)

① 이 상 후보자의 기본 자격 조건은 장보고 대사의 도전 및 개척 정신과 휴머

니즘, 창의적 아이디어 발현 등을 통해 세계적인 거상으로 성장한 재외 동포 경제인(韓商)으로 한다.

② 각 부문별 후보자의 자격 조건은 다음 각 호와 같다.

1. 대상(헌정자), 최우수상(국회의장상) :

장보고 대사의 도전 및 개척 정신을 해외에서 실천하면서 대한민국의 경제 및 문화 영토 확장은 물론, 한민족 글로벌 네트워크 구축에 사표(師表)가 된 한상

2. 문화체육관광부 장관상 : 대한민국의 문화 영토를 넓히는데 기여가 큰 한상

3. 농림축산식품부 장관상: 한식(韓食)문화를 해외에 전파하거나 대한민국의 농림어업 생산물을 해외에서 유통하는 데 공로가 큰 한상

4. 산업통산자원부 장관상 : 해외에서 제조업 등을 경영하는 등 대한민국의 경제 영토를 확장하는 데 공로가 큰 한상

5. 해양수산부 장관상: 장보고 대사의 도전 및 개척 정신을 함양하며 대한민국의 물류 및 유통 등 서비스의 영역을 확장하는 데 공로가 큰 한상

제9조(신청권자·추천권자의 자격)

① 이 상은 제8조의 후보자 자격을 갖춘 개인 또는 단체가 수상 공모에 직접 신청할 수 있다.

② 다음 각 호의 어느 하나에 해당하는 자격을 갖춘 자가 후보자를 추천할 수 있다.

1. 대한민국 정부 기관에 등록된 국내 및 해외 단체

2. 장보고한상 어워드 역대 수상자 또는 수상 단체

3. 재단이 협약 체결을 통해 추천권을 요청한 기관

③ 제2항에 따른 추천을 할 때에는 후보자의 동의서를 신청 서류에 첨부하여

야 한다.

제10조(공모 기간)
① 재단은 매년 3월 1일부터 7월 31일까지 공모를 거쳐 후보자를 모집한다.
② 제1항의 공모 신청 방법은 재단 홈페이지(www.changpogo.net)에 공고한다.

제11조(신청 및 추천인 구비 서류)
① 신청자 또는 제9조의 추천권자는 다음 각 호의 서류를 구비하여 이메일 또는 우편으로 재단에 제출한다.
   1. 신청서(별지 서식 1)
   2. 공적 서류 [사회공헌 활동 및 지역사회 봉사 활동 위주(별지 서식 2)]
   3. 추천서(별지 서식 3)
② 제1항에 따라 제출된 서류는 일체 반환하지 않는다.

제12조(심사위원회 구성)
① 헌정위원회는 이 상을 공정하고 투명하게 심사하기 위하여 심사위원회를 둔다.
② 심사위원회는 위원장 1명과 부위원장 1명을 포함한 10명 이내의 위원으로 구성한다.
③ 위원장과 부위원장은 호선으로 선출한다.
④ 심사위원회의 위원은 다음 각 호의 어느 하나에 해당하는 사람을 위촉한다.
   1. 정치, 경제, 사회, 문화, 언론 등 각 분야를 대표하는 전문가
   2. 재외 동포 가운데 장보고한상 어워드 제정 취지를 잘 이해하는 사람
   3. 재단 이사장이 추천한 사람 2명

4. 완도군수가 추천한 사람 2명
⑤ 심사위원회의 사무를 처리하기 위하여 간사 1명을 두되, 간사는 재단 사무총장이 된다.
⑥ 심사위원회는 회의 사항에 관한 회의록을 작성·비치하여야 한다.

제13조(심사위원의 임기)

심사위원의 임기는 2년으로 하며, 연임할 수 있다.

제14조(심사위원장)

① 심사위원회의 위원장(이하 "위원장"이라 한다)은 심사위원회를 대표하고, 위원회의 업무를 총괄한다.
② 위원장이 부득이한 사유로 직무를 수행할 수 없을 때에는 부위원장이 그 직무를 대행하며, 위원장과 부위원장이 모두 부득이한 사유로 그 직무를 수행할 수 없을 때에는 위원장이 미리 지명한 위원이 그 직무를 대행한다.

제15조(심사 절차)

이 상의 심사 절차는 다음 각 호와 같다.
1. 1차 심사 : 헌정위원회 서류 심사(자격 요건, 평판 조회 등 결격 사유 등 심사)
2. 2차 심사 : 심사위원회 토론심사 후 수상자 결정(1차 심사를 통과한 후보자)

제16조(평가 방법)

① 심사위원회는 이 상의 제정 취지에 적합한 자를 선정하기 위해 다음 각 호에 대한 평가를 실시한다.
   1. 기업인(경영인) 역량 평가
   2. 기업가 정신(경영 철학) 평가

3. 글로벌 경영 성과 평가

4. 거주국과 모국에 대한 봉사 활동

5. CSR(사회공헌 활동) CSV(공유 가치 창출) 평가

6. 각 부문별 장관상 시상에 맞는 업적 평가

제17조(심사위원회 운영)

① 심사위원회 위원장은 헌정위원회와 협의를 거쳐 회의를 소집하며, 그 의장이 된다.

② 회의는 재적 위원 과반수의 출석으로 개회하고, 출석위원 전원의 찬성으로 의결한다.

③ 심사위원회의 회의 서류는 비공개로 한다.

⑤ 재단은 심사위원 및 검증위원에게 예산의 범위 내에서 참석수당 및 여비를 지급할 수 있다.

제18조(시상 및 수상자 예우)

① 시상식 일정은 세계한상대회와 세계한인무역협회의 세계한인경제인대회와 중복되지 않도록 한다.

② 수상자에게는 다음 각 호와 같이 시상한다.

1. 헌정자 : 휘장, 헌정패, 도자기

2. 수상자 : 후원부처상, 도자기

③ 시상식 후 수상자 가족을 초청, 완도투어를 실시한다.

④ 수상자의 이력과 성공 스토리를 장보고한상 명예의 전당에 기획전시한다.

⑤ 수상자는 완도군 홍보대사로 위촉한다.

제19조(장보고한상 명예의 전당 운영)

헌정위원회는 장보고한상 어워드 수상

자를 '21세기 장보고' 대사로 예우하기 위하여 성공 스토리를 전시할 장보고 한

상 명예의 전당을 다음과 같이 운영한다.

1. 수상자 이력과 성공 스토리, 전시기획에 대한 디자인 설계
2. 장보고한상 명예의 전당에 수상자의 성공 스토리 인테리어

제20조(장보고한상 어워드 수상자협의회 운영)

① 헌정위원회는 장보고한상 어워드 수상자의 친선 도모와 정신을 선양하기
   위해 '장보고한상 어워드 수상자 협의회'(이하 "협의회"라 한다)를 운영하
   는 근거를 재단 정관에 반영한다.

② 헌정위원회는 명예의 전당 운영과 관련, 수상자들의 의견이 반영될 수 있
   도록 적극 협력한다.

③ 수상자는 협의회에 참여하여 운영 방안 등에 대한 의견을 제시할 수 있다.

④ 수상자는 장보고한상 명예의 전당에서 기획전시하는 운영비의 일부를 부
   담할 수 있다.

부칙

이 규정은 이사회의 의결을 받은 날부터 시행한다.

끝.

이 도서의 국립중앙도서관 출판예정도서목록(CIP)은 서지정보유통지원시스템 홈페이지(http://seoji.nl.go.kr)와
국가자료종합목록 구축시스템(http://kolis-net.nl.go.kr)에서 이용하실 수 있습니다.
(CIP제어번호 : CIP2019026398)

2019 세계 속의 글로벌 한국인 리더

초판 1쇄 발행 2019년 7월 12일

지은이 황상석
펴낸이 윤미정

펴낸곳 청해 (푸른지식 임프린트) **출판등록** 제2011-000056호 2010년 3월 10일
주소 서울특별시 마포구 월드컵북로20 삼호빌딩 303호
전화 02)312-2656 팩스 02)312-2654
이메일 dreams@greenknowledge.co.kr
블로그 greenknow.blog.me

디자인 류지혜 instagram.com/chirchirbb

ⓒ 인물화 한지혜 www.j-artgallery.com

ⓒ 황상석 2019
ISBN 979-11-88370-26-9 03320